武警学院统编教材

公安派出所消防监督管理

主　编　韩海云
撰稿人（按姓氏笔画排序）
马鑫峰　刘东海　张华东
赵步逵　章瑞春　景　绒
韩海云

中国人民公安大学出版社
群众出版社
·北　京·

图书在版编目（CIP）数据

公安派出所消防监督管理/韩海云主编. —北京：中国人民公安大学出版社，2017.6
武警学院统编教材
ISBN 978-7-5653-2953-1

Ⅰ.①公…　Ⅱ.①韩…　Ⅲ.①派出所—消防—监督管理—教材　Ⅳ.①D631.6

中国版本图书馆 CIP 数据核字（2017）第 147376 号

武警学院统编教材

公安派出所消防监督管理

韩海云　主编

出版发行：中国人民公安大学出版社
地　　址：北京市西城区木樨地南里
邮政编码：100038
印　　刷：北京兴华昌盛印刷有限公司

版　　次：2017 年 6 月第 1 版
印　　次：2017 年 6 月第 1 次
印　　张：11.5
开　　本：787 毫米×1092 毫米　1/16
字　　数：211 千字

书　　号：ISBN 978-7-5653-2953-1
定　　价：42.00 元

网　　址：www.cppsup.com.cn　　www.porclub.com.cn
电子邮箱：zbs@cppsup.com　　zbs@cppsu.edu.cn

营销中心电话：010-83903254
读者服务部电话（门市）：010-83903257
警官读者俱乐部电话（网购、邮购）：010-83903253
教材分社电话：010-83903259

说　　明

教材作为体现教学内容和教学方法的知识载体，是深化教学改革、提高教学质量的重要保证。为满足我院各专业教学需要，我们组织各系（部）教员陆续编写了具有我院专业特色的系列教材。《公安派出所消防监督管理》是其中一部。

这套教材是以马克思列宁主义、毛泽东思想、邓小平理论、“三个代表”重要思想、科学发展观为指导，深入贯彻习近平总书记系列重要讲话精神，以教育部关于加强教材建设的文件精神、公安部关于教育训练改革的战略部署为依据，以提高教学质量、培养高素质人才为目的，按照学院人才培养方案和教学大纲的总体要求，在认真总结公安现役部队实战经验，充分吸收各学科最新理论成果和相关领域有益经验的基础上，结合公安现役高等教育自身发展规律编写而成的。在内容上，力求正确地阐述各门学科的基础理论、基础知识和基本技能，突出专业特色，贴近部队实际，并注意体现内容的科学性、系统性、适用性和相对稳定性。

本教材由韩海云任主编。参加撰稿的人员有：武警学院韩海云（绪论，第二章）、章瑞春（第一章第一节，第五章）、景绒（第一章第二、三节，第七章）、刘东海（第三章第一、三节），河南省郑州市公安消防支队马鑫峰（第一章第四节，第四章），山西省公安消防总队防火部张华东（第一章第五节，第六章），天津公安警官职业学院赵步逵（第三章第二、四节）。

由于时间仓促，编者水平有限，缺点错误在所难免，恳请读者批评指正，以便再版时修改。

这套教材在编写过程中，得到了上级主管部门、兄弟院校及有关部门的大力支持和帮助，谨在此深表谢意。

武警学院教材建设委员会

2017 年 4 月

目　　录

绪　　论

《中华人民共和国消防法》（以下简称《消防法》）第2条明确规定，消防工作的方针是“预防为主，防消结合”。火灾预防工作既是消防工作的重点，也是做好消防工作的基础。火灾预防工作涉及政府和有关部门，关系全社会每个单位和公民，具有广泛的社会性。为了充分体现“政府统一领导、部门依法监管、单位全面负责、公民积极参与”的消防工作原则，落实建立健全消防社会化工作网络的要求，同时鉴于公安派出所是公安机关深入农村乡镇、城镇社区的基层派出机构，与广大群众接触面广、联系紧密，具有点多面广、底数清、情况明的工作优势，《消防法》明确将消防监督管理纳入公安派出所防范、管理和服务群众的新型警务之中，与其他公安工作同部署、同落实、同检查，有效延伸了消防监督管理工作的触角。

一、消防监督管理的含义和特征

（一）消防监督管理的含义

消防监督管理，是指消防监督管理主体依法对公民、法人和其他组织遵守消防法律、法规和消防技术标准的情况进行监督、检查、指导，并督促其履行消防安全义务的行为。

（二）消防监督管理的特征

消防监督管理是政府社会性监管的重要组成部分，或者说是政府公共行政的组成部分。消防监督管理既有权力行为，也有非权力行为。消防监督管理活动中大部分是执法行为，即权力行为，通常又称为监督执法；而消防监督管理活动中的非权力行为，主要是指消防行政指导、消防宣传教育等。实施消防监督管理的主体是享有消防监督管理权的组织，既包括公安机关及其消防机构，也包括地方县级以上各级人民政府、政府有关部门以及法律授权的其他组织。消防监督管理的依据是消防法律、法规、规章和消防技术标准。

二、消防监督管理的内容

根据《消防法》的相关规定，消防监督管理的内容主要包括：建设工程消防监督管理、消防监督检查、消防产品质量监督管理、火灾事故调查与火灾统计管理、社会消防技术服务监督管理、消防违法行为查处与督促火灾隐患整改、城乡消防规划与建设管理以及消防宣传教育与培训等。

（一）建设工程消防监督管理

建设工程消防监督管理，是指依法对按照国家工程建设消防技术标准，需要进行消防设计的新建、扩建、改建（含室内外装修、建筑保温和用途变更）等大型人员密集场所和特殊建设工程实施消防设计审核、消防验收，对其他建设工程实施消防设计备案、抽查和竣工验收消防备案、抽查的监管活动。建设工程消防监督管理是消防监督工作的重要组成部分，也是消防工作的基础性工作，可以有效杜绝建筑防火设计缺陷，从源头上防止出现先天性火灾隐患。

（二）消防监督检查

消防监督检查，是指消防监督检查主体依法对公民、法人或者其他组织遵守消防法律、法规、规章情况所进行的检查、了解，并督促其履行义务的执法行为。消防监督检查是政府对社会单位消防安全实施监控的主要手段。多年的实践证明，这一监管手段对于维护社会的公共消防安全及减少火灾的发生效果明显。

（三）消防产品质量监督管理

消防产品质量监督管理，是指以工商行政管理部门、产品质量监督部门、公安机关消防机构等为主体的公共行政部门，依法对消防产品的生产、销售、使用等各个环节实施监督和管理的活动。由于消防产品自身安全性和完好有效性与社会经济建设和人民的生命财产安全息息相关，其质量直接关系到火灾预防和火灾控制中消防产品能否有效地发挥作用，因此消防产品质量也是纳入消防监督管理的重要内容之一。

（四）火灾事故调查与火灾统计管理

火灾事故调查，是指火灾发生后，对火灾发生发展过程进行全面调查，查明火灾原因、认定火灾责任、总结火灾教训、提出火灾防控措施的过程。火灾统计管理，是指通过火灾基本信息的汇总和统计分析，进而研判消防安全形势，为开展消防工作提供决策依据的活动。

（五）社会消防技术服务监督管理

社会消防技术服务监督管理，是指对消防技术服务机构及其从业人员进行的监督管理，具体内容包括对消防技术服务机构实施资质许可管理和对社会消防技术服务活动的监督管理。社会消防技术服务机构是随着我国市场经济发展、行政审批制度改革以及政府职能的转变应运而生的消防中介组织之一，为规范其合法、规范、有序运营，《消防法》赋予了公安机关消防机构对其进行监管的法定职责。

（六）消防违法行为查处与督促火灾隐患整改

消防违法行为查处与督促火灾隐患整改，是指在实施消防监督管理过程中，对发现的违反消防法律、法规的行为和火灾隐患，通过责令改正违法行为、行政处罚、行政强制和其他手段纠正违法行为和消除火灾隐患，督促全社会的公民、法人和其他组织遵守消防法律、法规，从而达到预防火灾发生、减少火灾危害，保护人身和财产安全，维护公共安全的目的。

（七）城乡消防规划与建设管理

城乡消防规划与建设管理，是指依照消防法规和公共政策，根据城乡总体规划确定的发展目标、性质、规模和空间发展形态，按照功能分区、各类用地分布状况、基础设施配置情况和地域特点，在分析城乡火灾事故现状和发展趋势的基础上，对城乡火灾风险作出综合评估，确定城乡消防安全总体目标，对城乡消防安全布局、公共消防基础设施及消防装备建设等进行科学合理的规划，提出总体的建设标准、实施措施，并予以落实和维护管理的过程。城乡消防规划与建设管理对建立和完善城乡消防安全体系，提高城乡抗御火灾和处置各种灾害事故的整体能力具有十分重要的作用。

（八）消防宣传教育与培训

消防宣传教育，是指消防宣传教育主体以提高公民消防法制观念、消防安全意识和消防安全素质为目的，运用各种宣传教育形式，面向全社会普及消防法律、法规和安全知识，提高全社会消防安全素质的行为。消防安全培训是对培训对象进行消防法律、法规和专业知识培训，使其掌握从事本岗位工作必备的消防知识和技能。消防宣传教育与培训不仅是消防工作的重要组成部分，同时也是消防监督管理的主要内容之一。广泛开展消防宣传教育与培训对于强化全民消防意识、提高职工消防安全素质、增强全社会抗御火灾能力，最大限度地防止和减少火灾危害，确保人民群众生命财产安全，促进社会和谐稳定具有十分重要的意义。

三、消防监督管理主体

消防监督管理主体，是指享有消防监督管理权，能以自己的名义从事消防监督管理活动，并能独立承担由此产生的法律责任的组织。根据国家有关法律、法规的规定，消防监督管理的主体包括以下六类：

（一）人民政府

消防工作是人民政府提供社会管理和公共服务的重要内容，是社会稳定、经济发展的重要保障，人民政府应当履行消防工作的领导责任。《消防法》第3条规定："国务院领导全国的消防工作。地方各级人民政府负责本行政区域内的消防工作。"《消防法》第52条规定，地方各级人民政府应当落实消防工作责任制，对本级人民政府有关部门履行消防安全职责的情况进行监督检查。《消防法》第55条规定，公安机关消防机构在消防监督检查中发现城乡消防安全布局、公共消防设施不符合消防安全要求，或者发现本地区存在影响公共安全的重大火灾隐患的，应当由公安机关书面报告本级人民政府。接到报告的人民政府应当及时核对情况，组织或者责成有关部门、单位采取措施，予以整改。

（二）公安机关

《消防法》第4条规定，国务院公安部门对全国的消防工作实施监督管理；县级以上地方人民政府公安机关对本行政区域内的消防工作实施监督管理。同时，还规定了公安机关的消防行政处罚权，如行政拘留处罚由县级以上公安机关依照《中华人民共和国治安管理处罚法》（以下简称《治安管理处罚法》）的有关规定决定。

（三）公安机关消防机构

公安机关消防机构是公安机关内设的职能部门之一，专门行使消防监督管理职能，以自己的名义独立执法。《消防法》第4条规定，县级以上地方各级人民政府公安机关对本行政区域内的消防工作实施监督管理，并由本级人民政府公安机关消防机构负责实施。《消防法》第53条规定，公安机关消防机构应当对机关、团体、企业、事业等单位遵守消防法律、法规的情况依法进行监督检查。

（四）公安派出所

公安派出所是公安机关的派出机构，设置在乡镇、街道、社区、村庄，是公安机关的基层组织。《消防法》第53条规定，公安派出所可以负责日常消防监督检查职责，开展消防宣传教育。

（五）法律授权的其他有关主管部门

《消防法》第4条规定，军事设施的消防工作，由其主管单位监督管理公安机关消防机构协助；矿井地下部分、核电厂、海上石油天然气设施的消防工作，由其主管单位监督管理。这表明，上述这些单位、场所的主管部门在特定领域享有消防监督管理权。

（六）政府有关部门

《消防法》第4条规定，县级以上人民政府其他有关部门在各自的职责范围内，依照本法和其他相关法律、法规的规定做好消防工作。《消防法》第25条规定，产品质量监督部门、工商行政管理部门、公安机关消防机构应当按照各自职责加强对消防产品质量的监督检查。这表明，政府有关职能部门在一定范围内实施消防监督管理权，具有消防监督管理主体资格。

四、消防监督管理相对人

消防监督管理相对人，是指在消防监督管理活动中与消防监督管理主体相对应的处于被监督管理地位的公民、法人和其他组织。按照《消防法》的规定，消防监督管理相对人包括以下两类：

（一）个人

消防监督管理工作中所称的“个人”，既包括我国公民，也包括在我国境内的外国人。

1. 我国公民，是指具有我国国籍并根据我国法律规定享有权利、承担义务的自然人。公民在消防行政法律关系中是十分重要的相对人，《消防法》中对公民应享有的权利和应承担的义务均有明确规定。

2. 外国人，是指在我国境内的外国人，包括外国公民和无国籍人。《中华人民共和国宪法》（以下简称《宪法》）第32条规定：“中华人民共和国保护在中国境内的外国人的合法权利和利益，在中国境内的外国人必须遵守中华人民共和国的法律。”作为消防监督管理相对人的外国人与我国公民在消防监督管理活动中的法律地位是平等的。

（二）单位

单位是个笼统的说法，具体指机关、团体、企业、事业单位。

1. 机关，是指国家依法设立的代表国家依法行使立法、行政、审判、检查和军事等权力的组织。

2. 团体，是指由公民自愿组成，为实现会员共同意愿，按照其章程开展活动的非营利性组织。

3. 企业，是指从事商品生产和经营活动，并以盈利为目的的经济组织。

4. 事业单位，是指国家为了社会公益目的，由国家举办或者其他组织利用国有资产举办的，从事教育、科技、文化、卫生等活动的社会服务性组织。

五、公安派出所及其相关人员的消防监督管理职责

公安派出所既是公安机关最基层的战斗实体，也是火灾防控的最坚实基础。1995年颁布的《中华人民共和国警察法》第6条规定，公安机关的人民

警察按照职责分工，依法履行组织、实施消防工作，实行消防监督的职责。2008年修订的《消防法》以及公安部发布施行的《消防监督检查规定》和《火灾事故调查规定》两部配套规章，均对公安派出所参与日常消防监督管理工作作了进一步的明确和规范。

（一）公安派出所的消防监督管理职责

1. 实施日常消防监督检查。《消防法》第53条规定，公安机关消防机构应当对机关、团体、企业、事业等单位遵守消防法律、法规的情况依法进行监督检查。公安派出所可以负责日常消防监督检查、开展消防宣传教育，具体办法由国务院公安部门规定。该规定从法律上明确了公安派出所消防监督检查的主体责任。也就是说，公安派出所在辖区进行日常消防监督检查是《消防法》赋予的法定职能之一，同时也是扩大消防监督检查覆盖面、全面构建消防工作社会化网络的有效途径。

2. 查处消防违法行为。针对消防监督检查和群众举报发现的消防违法行为，公安派出所根据各地方消防条例规定的权限和程序可以责令改正违法行为、进行消防行政处罚或将违法案件移交公安机关消防机构。

3. 开展消防宣传教育。《消防法》第53条指出，公安派出所可以开展消防宣传教育。这从法律上明确了公安派出所消防宣传教育的主体地位。公安派出所要定期对管辖内的单位、物业服务企业等开展消防法律、法规和消防安全常识宣传，普及消防知识，指导和督促辖区单位和居民落实消防安全措施。

4. 协助火灾事故调查。与《消防法》配套的《火灾事故调查规定》第5条规定，公安派出所应当协助公安机关火灾事故调查部门维护火灾现场秩序、保护现场，控制火灾肇事嫌疑人。某些地方的规范性文件还进一步细化了公安派出所履行该职责的具体内容，如《江苏省公安派出所消防监督管理工作规定》规定，公安派出所应协助公安机关消防机构开展火灾事故调查处理，并对公安机关消防机构委托的无人员伤亡、直接经济损失1万元以下且不涉及第三方的火灾进行调查处理和统计上报。

（二）公安派出所相关人员的消防监督管理职责

公安派出所消防监督管理工作实行所长负责制。公安派出所确定一名所领导分管消防工作，并明确一名专（兼）职消防民警具体负责有关消防监督管理业务工作；责任区民警负责本责任区的消防监督管理工作。

1. 公安派出所所长的消防监督管理职责。公安派出所所长应具体履行下列消防工作职责：

（1）认真贯彻执行消防法律、法规和上级有关消防工作指示，部署公安派出所的消防监督工作；

（2）掌握辖区消防工作情况，定期分析消防安全形势，制定消防工作措施并督促落实；

（3）明确本单位有关民警的消防监督工作职责，定期检查、考评工作任务完成情况；

（4）组织开展消防监督检查，督促整改火灾隐患，依法查处消防安全违法行为；

（5）组织开展消防宣传教育活动，提高辖区公众的消防安全意识；

（6）辖区发生火灾后，协助公安机关消防机构开展火灾事故处置及调查工作；

（7）按照权限审批消防监督法律文书；

（8）组织完成上级交办的其他工作任务。

2. 分管消防工作副所长的消防监督管理职责。公安派出所分管副所长应履行下列消防工作职责：

（1）领导和组织开展本辖区消防监督工作，确定工作目标，制订工作计划，并组织实施；

（2）明确人员分工，督促本单位民警落实消防监督工作职责；

（3）定期召开消防监督工作会议，及时研究、部署和总结工作，定期组织检查与考核；

（4）组织消防监督业务学习，提高民警的消防监督业务素质；

（5）组织开展消防宣传教育活动，提高辖区公众的消防安全意识；

（6）按照权限审核消防监督法律文书；

（7）定期向所长报告消防监督工作情况；

（8）辖区发生火灾后，协助公安机关消防机构开展火灾事故处置及调查工作；

（9）完成上级交办的其他工作任务。

3. 专（兼）职消防民警的消防监督管理职责。公安派出所应指定民警从事消防监督工作，并应当经过县级以上公安机关消防业务培训合格后持证上岗。专（兼）职消防民警应具体履行以下消防工作职责：

（1）正确执行国家有关的消防法律、法规和规章，按照上级规定和有关部署做好各项消防监督工作；

（2）收集、整理、统计、上报有关消防工作资料，管理消防监督工作档案；

（3）及时掌握消防监督管理范围内各类单位场所的基本情况，制定开展日常消防监督检查和消防监督抽查工作方案；

（4）结合火灾规律和特点，在农业收获季节、重大节（假）日、乡村民俗活动以及火灾多发季节期间，制定开展有针对性的消防监督检查工作方案；

（5）受理有关消防违法行为举报、投诉；

（6）制定开展消防宣传教育培训工作方案；

（7）协助公安机关消防机构开展火灾事故调查；

（8）指导治安、责任（社）区民警开展消防工作；

（9）应用消防业务信息系统办理消防监督业务，建立消防监督工作档案和台账；

（10）辖区内有重大火灾隐患的，应及时向公安机关消防机构和辖区政府报告；

（11）完成上级交办的其他工作任务。

4. 责任区民警消防监督管理工作职责。公安派出所应定期组织治安民警和管段民警学习消防业务知识，并将消防监督执法知识纳入民警晋级、岗位轮训等学习培训内容。责任区民警应履行以下消防工作职责：

（1）负责开展责任区内的消防宣传教育工作；

（2）开展日常消防监督检查、火灾多发季节消防监督抽查，协助开展火灾事故调查和消防行政处罚工作；

（3）及时制作消防监督档案；

（4）完成上级交办的其他工作任务。

第一章　消防基础知识

第一节　燃烧与火灾

一、燃烧

燃烧，是指可燃物与氧化剂作用发生的放热反应，通常伴有火焰、发光和（或）发烟现象。燃烧不完全则会因产生小颗粒固体物质而形成烟。

（一）燃烧的条件

燃烧的发生和发展，必须具备三个必要条件，即可燃物、助燃物（氧化剂）和引火源（温度）。当燃烧发生时，上述三个条件必须同时具备，如果有一个条件不具备，那么燃烧就不会发生，如图 1-1 所示。

1. 可燃物。凡是能与空气中的氧或其他氧化剂起化学反应的物质，均称为可燃物。如木材、氢气、汽油、煤炭、纸张、硫等。可燃物按其化学组成，可分为无机可燃物和有机可燃物两大类；按其所处的状态，又可分为可燃固体、可燃液体和可燃气体三大类。

图 1-1　燃烧三角形

2. 助燃物。凡是与可燃物结合能导致和支持燃烧的物质，均称为助燃物。常见的助燃物有氧气、氯气、溴气及其他强氧化剂（如硝酸盐、氯酸盐、高锰酸钾以及过氧化物等）。通常，可燃物的燃烧均是指在空气中进行的燃烧。在一定条件下，各种不同的可燃物发生燃烧，均有最低氧含量要求。氧含量过低，即使其他必要条件已经具备，燃烧也不会发生。

3. 引火源。凡是能引起物质燃烧的点燃能源，统称为引火源。在一定条件下，各种不同可燃物发生燃烧均有最小点火能量要求，即只有达到一定能量的温度才能引起燃烧。常见的引火源有下列几种：

（1）明火。例如，生产、生活中的炉火、烛火、焊接火星、炽热烟蒂，撞击、摩擦打火，机动车辆排气管火星以及飞火等。

（2）电弧、电火花。例如，电气设备、电气线路、电气开关及漏电打火，电话、手机等通信设备的火花，物体静电放电、人体衣物静电打火以及人体积聚静电对物体放电打火等静电火花。

（3）雷击。例如，雷击瞬间高压放电能引燃任何可燃物。

（4）高温。例如，高温加热、烘烤、积热不散、机械设备故障发热及摩擦发热等。

（5）自燃引火源。在既无明火又无外来热源的情况下，物质本身自行发热也会燃烧起火，如白磷、烷基铝在空气中会自燃，钾、钠等金属遇水着火，易燃、可燃物质与氧、过氧化物接触起火等。

4. 链式反应自由基。自由基，也称游离基，是一种高度活泼的化学基团，能与其他自由基和分子起反应，从而使燃烧按链式反应的形式扩展。研究表明，多数燃烧反应不是直接进行的，而是通过未受抑制的自由基作中间体和原子瞬间进行的循环链式反应。自由基的链式反应是燃烧反应的实质，而光和热则是燃烧过程的物理现象。因此，燃烧理论又提出大部分燃烧的发生和发展需要四个必要条件，即可燃物、助燃物、引火源和链式反应自由基。燃烧条件可以进一步用燃烧四面体来表示，如图 1-2 所示。

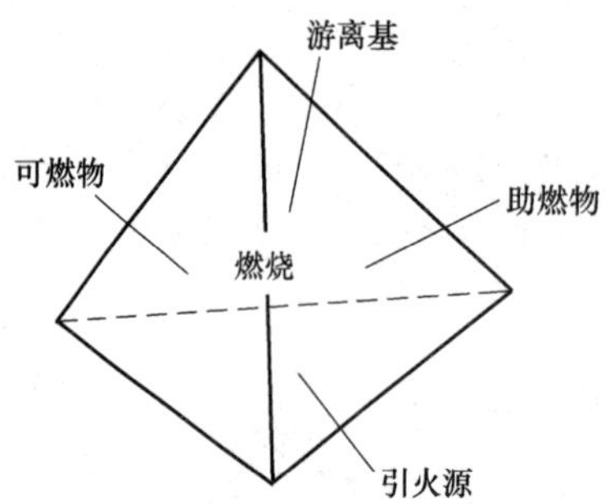

图 1-2 燃烧四面体

（二）燃烧的类型

燃烧可从着火方式、持续燃烧形式、燃烧物形态、燃烧现象等不同角度作不同的分类。按照燃烧形成的条件和发生瞬间的特点，燃烧可分为着火和爆炸两种类型。

1. 着火，是指可燃物在与空气共存的条件下，当达到某一温度时，与引火源接触即能引起燃烧，并在引火源离开后仍能持续燃烧的现象。着火就是燃烧的开始，并以出现火焰为特征。着火是日常生活中最常见的燃烧现象。

2. 爆炸，是指物质由一种状态迅速地转变成另一种状态，并在瞬间以机械功的形式释放出巨大的能量，或是气体、蒸气瞬间发生剧烈膨胀等现象。爆炸最重要的一个特征是爆炸点周围发生剧烈的压力突变，并产生巨大的破坏作用。作为燃烧类型之一的爆炸主要是指化学爆炸。

二、火灾

在《消防词汇》（GB 5907—2014）中，火被定义为“以释放热量并伴有烟或火焰或两者兼有为特征的燃烧现象”；火灾被定义为“在时间或空间上失去控制的燃烧所造成的灾害”。这一定义有两层含义：一是火失去控制，二是造成危害。

（一）火灾的危害

与其他灾害相比，火灾虽然不是危害最大的灾害，但却是最常见的灾害之一，严重威胁人员生命和公私财产安全。具体而言，火灾的危害主要体现在以下五个方面：

1. 造成财产损失。火灾最常见的危害就是使公私财产化为乌有。据统计，20 世纪 80 年代，年均火灾直接财产损失达 3.6 亿元，是 50 年代的 6 倍；进入 90 年代，年均直接财产损失为 11.6 亿元；21 世纪以来，年均火灾直接损失高达 13.9 亿元。

2. 导致人身伤亡。俗话说，水火无情。火灾发生时，往往会造成人员伤亡，甚至会造成群死群伤。火灾统计表明，近年来每年由于火灾造成的人员伤亡均在四位数以上。

3. 毁坏文化遗产。火灾是文化遗产的大敌。一般来说，古建筑和古文物的毁坏大部分是由火灾造成的，而有些历史遗留下来的文化遗产，一旦烧毁就再也不能再现或恢复，从而造成毁灭性的破坏。

4. 影响社会稳定和谐。火灾的频发势必会影响社会安定与和谐，特别是重特大火灾的发生，不仅会造成惨重的经济损失或人员伤亡，往往还会造成恶劣的社会影响。

5. 污染环境、破坏生态。火灾往往会产生有毒有害烟气或导致其他污染物排放而污染大气和水环境，甚至有些火灾还会影响和破坏生态环境。例如，森林火灾发生后，植被遭到破坏，将导致土地沙化、水土流失、洪水泛滥，甚至物种毁灭等一系列威胁人类生活的灾害接连发生。

（二）火灾的分类

1. 根据可燃物的燃烧特性分类。按照可燃物的性质，国家标准《火灾分类》（GB/T 4968—2008）将火灾分为 A、B、C、D、E、F 六类。该分类的目的主要是指导灭火剂和灭火器的选用。

（1）A 类火灾，是指普通固体可燃物燃烧引起的火灾。固体物质是火灾中最常见的燃烧物，如木材及木制品、纤维板、胶合板、纸张、纸板、家具；棉花、棉布、服装、被褥、粮食、谷类、豆类；合成橡胶、合成纤维、合成塑料、化学原料、建筑材料、装饰材料等，种类极其繁杂。A 类火灾可选用清水灭火剂、干粉灭火剂和 A 类泡沫灭火剂等。

（2）B 类火灾，是指液体火灾和可熔化的固体物质火灾，如汽油、煤油、原油、甲醇、乙醇、沥青、石蜡火灾等。液体燃烧是指可燃液体受热变成蒸气后与空气混合进行的燃烧。原油罐火灾的喷溅和轻质可燃液体的蒸气云爆炸，是B类火灾中的两种特殊燃烧现象，破坏性极其严重。B类火灾可选用泡沫灭火剂和干粉灭火剂等。

(3) C类火灾，是指可燃气体燃烧引起的火灾，如煤气、天然气、甲烷、乙烷、丙烷、氢气等火灾。按可燃气体与空气混合时间的不同，可燃气体燃烧分为预混燃烧和扩散燃烧。预混燃烧，即可燃气体与空气预先混合好后的燃烧；扩散燃烧，即可燃气体与空气边混合边燃烧。预混燃烧由于混合均匀，燃烧充分、完全，不产生碳粒子，燃烧速度快，失去控制的预混燃烧会发生爆炸，这是C类火灾最危险的燃烧方式。由于扩散燃烧是边混合边燃烧，混合不均匀，燃烧不充分、不完全，会产生碳粒子，火焰呈黄色，燃烧速度受混合快慢及混合比控制。C类火灾可选用洁净气体灭火剂和二氧化碳灭火剂等。

(4) D类火灾，是指可燃金属燃烧引起的火灾，如锂、钠、钾、钙、锶、镁、铝、钛、锆、锌、铪、钚、钍和铀等，由于它们处于薄片状、颗粒状或熔融状态时很容易着火，因而称为可燃金属。可燃金属燃烧引起的火灾之所以从A类火灾中分离出来，单独作为D类火灾，主要是因为这些金属燃烧时燃烧热很大（一般为普通燃料的5～20倍）、火焰温度很高，有的甚至达到3000℃以上；并且在高温下金属性质特别活泼，能与水、二氧化碳、氮、卤素及含卤化合物发生化学反应，使常用灭火剂失去作用，必须采用特殊的灭火剂灭火。

(5) E类火灾，是指带电火灾，即物体带电燃烧的火灾，如家用电器、电子元件、电气设备（计算机、复印机、打印机、传真机、发电机、电动机、变压器等）以及电线、电缆等燃烧时仍带电的火灾，而顶挂、壁挂的日常照明灯具及起火后可自行切断电源的设备所发生的火灾则不应列入带电火灾范围。E类火灾热释放速率高，不宜采用水系灭火剂灭火，可选择干粉灭火剂、洁净气体灭火剂或二氧化碳灭火剂等。

(6) F类火灾，是指烹饪器具内的烹饪物，如动植物油脂燃烧造成的火灾。常用的烹调油包括菜籽油、玉米油、棉籽油、棕榈油、花生油、大豆油及动物油脂等。烹调油火灾与其他类型的火灾相比，不容易扑灭，而且在加热期间，烹调油的成分会变化，其中的三酸甘油酯会裂解成短链醇、醛和酸，这些物质都具有相对较低的沸点和自燃温度，使在灭火后易复燃。扑救烹调油火灾，通常选用干粉灭火剂。

2. 按损失严重程度分类。根据《生产安全事故报告和调查处理条例》规定的生产安全事故等级标准，火灾事故等级按照火灾造成损失程度的不同划分为四类，即特别重大火灾、重大火灾、较大火灾和一般火灾。该分类的目的主要用于火灾数据统计和火灾事故责任追究。

（1）特别重大火灾，是指造成30人以上死亡，或者100人以上重伤，或者1亿元以上直接财产损失的火灾。

（2）重大火灾，是指造成10人以上30人以下死亡，或者50人以上100人以下重伤，或者5000万元以上1亿元以下直接财产损失的火灾。

（3）较大火灾，是指造成3人以上10人以下死亡，或者10人以上50人以下重伤，或者1000万元以上5000万元以下直接财产损失的火灾。

（4）一般火灾，是指造成3人以下死亡，或者10人以下重伤，或者1000万元以下直接财产损失的火灾。

以上火灾等级分类所称“以上”包括本数，“以下”不包括本数。

第二节 建筑防火基础

为确保建筑物的消防安全，我国消防技术规范对建筑物在防火、控火、耐火、防排烟、探火以及灭火等方面作了相应的技术要求。防火方面，主要是指在建筑总平面布局、建筑构造、建筑构件材料选取等环节破坏燃烧或爆炸的形成条件；控火方面，主要是指在建筑内部划分防火分区，将火控制在局部范围内，阻止火势蔓延扩大；耐火方面，主要是指要求建筑物应有一定的耐火等级，保证在火灾高温的持续作用下，建筑主要构件在一定时间内不破坏，阻止烟火蔓延，避免建筑结构失效或发生倒塌；防烟和排烟方面，是指在建筑物内设置防排烟设施，用以防止火灾烟气蔓延扩大，为安全疏散和扑救火灾创造有利条件；探火方面，主要是指预先在建筑物内设置火灾自动报警设施，用以实现火灾早期探测和报警，及时通知被困人员疏散，向有关消防设备发出控制信号，防止和减少火灾的危害；灭火方面，主要是要求在建筑物设置消火栓给水系统、自动灭火系统等灭火设施和灭火救援设施，用于扑灭火灾，最大限度地减少火灾损失，保护人身和财产安全。

一、建筑物的分类

（一）按建筑物内是否有人员进行生产、生活活动分类

1. 建筑物。凡是直接供人们在其中生产、生活、工作、学习、居住以及从事文化、体育、社会等其他活动的房屋统称为“建筑物”，如厂房、住宅、学校、体育馆等。

2. 构筑物。凡是间接为人们提供服务或为了工程技术需要而设置的设施称为“构筑物”，如隧道、桥梁等。

（二）按建筑物的使用性质分类

1. 民用建筑，是指非生产性建筑，如居住建筑、商业建筑、体育场馆、客运车站候车室、办公楼、教学楼等。

2. 工业建筑，是指工业生产性建筑，如生产厂房和库房、发（变、配）电建筑等。

3. 农业建筑，是指农副业生产建筑，如粮仓、禽畜饲养场等。

（三）按建筑高度、使用功能等分类

建筑物根据其建筑高度和层数及使用功能可分为单、多层工业与民用建筑及高层工业与民用建筑两大类。凡建筑高度大于 27m 的住宅建筑和建筑高度大于 24m 的非单层厂房、仓库和其他民用建筑称为高层建筑。高层民用建筑根据其建筑高度、使用功能和楼层的建筑面积可分为一类和二类，其具体分类见表 1-1。

表 1-1 民用建筑的分类

<table>
<tr><th rowspan="2">名称</th><th colspan="2">高层民用建筑</th><th rowspan="2">单、多层
民用建筑</th></tr>
<tr><th>一类</th><th>二类</th></tr>
<tr><td>住宅建筑</td><td>建筑高度大于 54m 的住宅建筑（包括设置商业服务网点的住宅建筑）</td><td>建筑高度大于 27m，但不大于 54m 的住宅建筑（包括设置商业服务网点的住宅建筑）</td><td>建筑高度不大于 27m 的住宅建筑（包括设置商业服务网点的住宅建筑）</td></tr>
<tr><td>公共建筑</td><td>1. 建筑高度大于 50m 的公共建筑；
2. 任一楼层建筑面积大于 1000m² 的商店、展览、电信、邮政、财贸金融建筑和其他多种功能组合的建筑；
3. 医疗建筑、重要公共建筑；
4. 省级及以上的广播电视和防灾指挥调度建筑、网局级和省级电力调度建筑；
5. 藏书超过 100 万册的图书馆、书库</td><td>除一类高层公共建筑外的其他高层公共建筑</td><td>1. 建筑高度大于 24m 的单层公共建筑；
2. 建筑高度不大于 24m 的其他公共建筑</td></tr>
</table>

（四）按生产类别及储存物品类别分类

工业建筑按生产类别及储存物品类别的火灾危险性特征可分为甲、乙、丙、丁、戊五种类别，具体见现行国家标准《建筑设计防火规范》（GB 50016）的有关规定。

二、建筑材料与建筑构件的燃烧性能

（一）建筑材料的燃烧性能

1. 建筑材料燃烧性能的含义。建筑材料的燃烧性能，是指当材料燃烧或遇火时所发生的一切物理和（或）化学变化。其燃烧性能是依据在明火或高温作用下，材料表面的着火性和火焰传播性、发烟、炭化、失重以及毒性生成物的产生等特性来衡量，它是评价材料防火性能的一项重要指标。

2. 建筑材料燃烧性能分级。根据建筑材料燃烧火焰传播速率、燃烧热释放速率、燃烧热释放量、燃烧烟气浓度及燃烧烟气毒性等燃烧特性参数，国家标准《建筑材料及制品燃烧性能分级》（GB 8624）将建筑材料及制品的燃烧性能分为 A、B1、B2、B3 四个级别。其中，A 级为不燃材料（制品），B1 级为难燃材料（制品），B2 级为可燃材料（制品），B3 级为易燃材料（制品）。

（二）建筑构件的燃烧性能

建筑构件，是指构成建筑物的基础、墙体或柱、楼板、楼梯、门窗及屋顶承重构件等各个部分。建筑构件的燃烧性能和耐火极限是判定建筑构件承受火灾能力的两个基本要素。建筑构件的燃烧性能是由制成建筑构件材料的燃烧性能来决定的。因此，建筑构件的燃烧性能取决于制成建筑构件材料的燃烧性能。

根据建筑材料燃烧性能的不同，建筑构件的燃烧性能可分为以下三类：

1. 不燃性，是指用不燃烧性材料做成的建筑构件，如砖墙体、钢筋混凝土梁或楼板、钢屋架等构件。

2. 难燃性，是指用难燃性材料做成的建筑构件或用燃烧性材料做成而用非燃烧性材料做保护层的建筑构件，如经阻燃处理的木质防火门、木龙骨板条抹灰隔墙体、水泥刨花板等。

3. 可燃烧性，是指用燃烧性材料做成的建筑构件，如木柱、木屋架、木梁、木楼板等构件。

三、建筑耐火极限和耐火等级

（一）建筑构件的耐火极限

1. 建筑构件耐火极限的含义。建筑构件的耐火极限，是指在标准耐火试验条件下，建筑构件、配件或结构从受到火的作用时起，至失去承载能力、完整性或隔热性时止所用时间，一般用小时（h）表示。

2. 建筑构件耐火极限的判定条件。判定建筑构件是否达到耐火极限主要有以下三个条件，当任一条件出现时，都表明该建筑构件达到耐火极限。

(1) 失去承载能力，即构件失去支持能力，是指在标准耐火试验条件下，承重或非承重建筑构件在受到火焰或高温作用下，由于构件材质性能的变化，在一定时间内自身解体或垮塌，使承载能力和刚度降低，承受不了原设计的荷载而破坏。例如，受火作用后钢筋混凝土梁失去支承能力、非承重构件自身解体或垮塌等，均属于失去支持能力的象征。

(2) 失去完整性，即构件完整性被破坏，是指薄壁分隔构件在火灾高温作用下，发生爆裂或局部塌落，形成穿透性裂缝或孔隙，火焰穿过构件使其背火面可燃物起火。例如，板条抹灰墙受火作用后，内部可燃板条先行自燃，一定时间后其背火面的抹灰层龟裂脱落，引起燃烧起火。

(3) 失去隔热性，即构件失去隔火作用，是指具有分隔作用的构件背火面任一点的温度达到 220℃时，构件失去隔火作用。之所以以背火面温度升高到220℃作为界限，主要是因为构件上如果出现穿透性裂缝，火就能够通过裂缝蔓延；或者构件背火面的温度达到 220℃，这时虽然没有火焰蔓延过去，但这种温度已经能够使靠近构件背面的纤维制品产生自燃，如纤维系列的棉花、纸张、化纤品等一些燃点较低的可燃物因烤焦以致起火。

(二) 建筑耐火等级

1. 建筑耐火等级的含义。建筑耐火等级，是指根据有关规范或标准的规定，建筑物、构筑物或建筑构件、配件、材料所应达到的耐火性分级。建筑耐火等级是衡量建筑物耐火程度的分级标准，它是由组成建筑物的墙体、柱、梁、楼板屋顶承重构件等主要构件的燃烧性能和耐火极限所决定的。

2. 建筑耐火等级的划分。现行国家标准《建筑设计防火规范》(GB 50016)将建筑耐火等级从高到低划分为：一级耐火等级、二级耐火等级、三级耐火等级及四级耐火等级四类。

3. 建筑耐火等级的选定。建筑耐火等级的选择主要根据建筑物的重要性、建筑物的高度和其在使用中的火灾危险性进行确定，具体应符合国家消防技术标准的有关规定。例如，一类高层民用建筑的耐火等级应为一级，二类高层民用建筑和单、多层重要公共建筑的耐火等级不应低于二级，裙房的耐火等级不应低于二级，高层民用建筑地下室的耐火等级应为一级。

(三) 建筑构件燃烧性能、耐火极限与建筑耐火等级之间的关系

建筑构件的燃烧性能、耐火极限与建筑耐火等级三者之间有着密切的关系。在同样厚度和截面尺寸条件下，不燃烧体与燃烧体相比，前者的耐火等级

要比后者高许多。不同耐火等级的建筑物除规定了建筑构件的最低耐火极限外，对其燃烧性能也有具体要求，概括起来是：一级耐火等级建筑的主要构件均为不燃烧体；二级耐火等级的主要建筑的构件，除吊顶为难燃烧体外，其余构件均为不燃烧体；三级耐火等级建筑的构件，对于工业建筑，除吊顶、屋顶承重构件和非承重外墙房间隔墙外均为不燃烧体。对于民用建筑，除吊顶和房间隔墙外均为不燃烧体。

四、建筑防火间距和防火分区

（一）防火间距

防火间距，是指防止着火建筑在一定时间内引燃相邻建筑，便于消防扑救的间隔距离。

1. 防火间距的影响因素。影响防火间距的因素较多、条件各异。从火灾蔓延角度来看，主要有热辐射、热对流、外墙材料的燃烧性能及其开口面积大小、室内堆放的可燃物种类及数量、相邻建筑物的高度、室内消防设施情况以及消防扑救力量等。

2. 防火间距的确定。为了防止建筑物发生火灾后，因热辐射等作用向相邻建筑物之间相互蔓延，并为消防扑救创造条件，各类建（构）筑物、堆场、储罐、电力设施等之间均应保持一定的防火间距。

在综合考虑防止火势向邻近建筑蔓延扩大和满足消防车的最大工作回转半径与扑救场地的需要，以及节约用地等因素的基础上，现行国家标准《建筑设计防火规范》（GB 50016）、《汽车库、修车库、停车场设计防火规范》（GB 50067）等对各类建（构）筑物、堆场、储罐、电力设施等之间的防火间距均作了具体规定。

（二）防火分区

防火分区，是指在建筑内部采用防火墙、楼板及其他防火分隔设施分隔而成，能在一定时间内防止火灾向同一建筑的其余部分蔓延的局部空间。

1. 划分防火分区的目的。建筑防火分区是控制建筑物火灾的基本空间单元。当建筑物的某空间发生火灾时，火势便会从门、窗、洞口沿水平方向和垂直方向向其他部位蔓延扩大，最后发展成为整座建筑的火灾。因此，在建筑物内划分防火分区的目的，就在于发生火灾时将火控制在局部范围内，阻止火势蔓延，以便于人员安全疏散，有利于消防扑救，减少火灾损失。

2. 建筑防火分区的类型。防火分区分为水平防火分区和垂直防火分区两种。

（1）水平防火分区，是指在同一个水平面（同层）内，采用具有一定耐火能力的防火分隔物（如防火墙或防火门、防火卷帘等），将该楼层在水平方向分隔为若干个防火区域、防火单元，以阻止火势在水平方向蔓延。

（2）垂直防火分区，是指上、下层分别用一定耐火性能的楼板和窗间墙等构件进行分隔，以防止火势沿着建筑物各种竖向通道向上部楼层蔓延。

3. 建筑防火分区的划分原则。防火分区的划分应根据建筑物使用性质、火灾危险性以及建筑物耐火等级、建筑物规模、室内容纳人员和可燃物的数量、消防扑救能力和力量配置、人员疏散难易程度及建设投资等方面进行综合考虑，既要从限制火势蔓延，减少损失方面考虑，又要顾及平时的使用管理，以节约投资。建筑防火分区的划分原则是：分区的划分必须与使用功能的布置相统一；分区应保证安全疏散的正常和优先；分隔物应首先选用固定分隔物；越重要、越危险的区域防火分区面积越小；设有自动灭火系统的防火分区，其允许最大建筑面积可按要求增加 1 倍；当局部设有自动灭火系统时，增加面积可按该局部面积的 1 倍计算。现行国家标准《建筑设计防火规范》（GB 50016）对防火分区的最大允许建筑面积都有明确规定。不同类别的建筑，其防火分区的划分有不同的标准。

五、安全出口与疏散出口

（一）安全出口

安全出口，是指供人员安全疏散用的楼梯间和室外楼梯的出入口或直通室内外安全区域的出口。

（二）疏散出口

1. 疏散出口的含义。疏散出口，包括安全出口和疏散门。疏散门是直接通向疏散走道的房间门、直接开向疏散楼梯间的门（如住宅的户门）或室外的门，不包括套间内的隔间门或住宅套内的房间门。

2. 疏散出口设置的基本要求。民用建筑应根据建筑的高度、规模、使用功能和耐火等级等因素合理设置安全疏散设施。疏散门的位置、数量和宽度应满足人员安全疏散的要求。具体应符合以下基本要求：

（1）建筑内的安全出口和疏散门应分散布置，并应符合双向疏散的要求。

（2）公共建筑内各房间疏散门的数量应经计算确定且不应少于 2 个，每个房间相邻 2 个疏散门最近边缘之间的水平距离不应小于 5m。

（3）其他场所疏散出口的设置要求应符合现行国家标准《建筑设计防火规范》（GB 50016）的规定。

六、疏散楼梯及楼梯间

疏散楼梯和楼梯间是建筑物发生火灾时供人员火场逃生的主要通道和交通枢纽，其防火性能和疏散能力直接影响着人员的生命安全与消防队员的救灾工作。楼梯间设置形式有以下四种形式：

（一）敞开楼梯间

1. 敞开楼梯间的含义。敞开楼梯间，是指建筑物内由墙体等围护构件构成的无封闭防烟功能，且与其他使用空间相通的楼梯间，也称普通楼梯间。该楼梯间的典型特征是楼梯与走廊或大厅都是敞开在建筑物内，在发生火灾时不能阻挡烟气进入，而且可能成为向其他楼层蔓延的主要通道。

2. 敞开楼梯间的适用范围。敞开楼梯间的安全可靠程度不大，但使用方便、经济，是低、多层建筑常采用的基本形式。

（二）封闭楼梯间

1. 封闭楼梯间的含义。封闭楼梯间，是指在楼梯间入口处设有门，能防止火灾的烟和热气进入的楼梯间，如图 1-3 所示。封闭楼梯间有墙和门与走道分隔，比敞开楼梯间安全。但因其只设有一道门，在火灾情况下，人员进行疏散时难以保证不使烟气进入楼梯间，所以应对封闭楼梯间的使用范围加以限制。

2. 封闭楼梯间的适用范围，主要包括以下几种情况：

（1）下列多层公共建筑的室内疏散楼梯应采用封闭楼梯间：医疗建筑、旅馆、老年人建筑；设置歌舞娱乐放映游艺场所的建筑；商店、图书馆、展览建筑、会议中心及类似使用功能的建筑；6 层及以上的其他建筑。

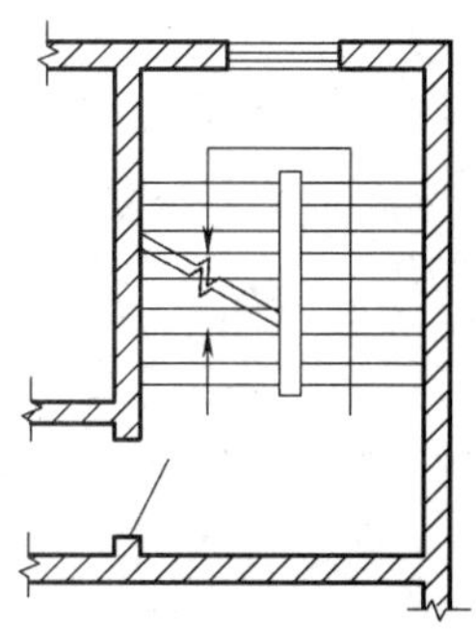

图 1-3　封闭楼梯间

（2）高层建筑的裙房、建筑高度不超过 32m 的二类高层建筑、建筑高度大于 21m 且不大于 33m 的住宅建筑，其疏散楼梯间应采用封闭楼梯间。当住宅建筑的户门为乙级防火门时，可不设置封闭楼梯间。

（3）高层厂房和甲、乙、丙类多层厂房的疏散楼梯应采用封闭楼梯间或室外楼梯。高层仓库的疏散楼梯应采用封闭楼梯间。

（三）防烟楼梯间

1. 防烟楼梯间的含义。防烟楼梯间，是指在楼梯间入口处设置防烟的前室、开敞式阳台或凹廊（统称前室）等设施，且通向前室和楼梯间的门均为防火门，以防止火灾的烟和热气进入的楼梯间，如图 1-4 所示。

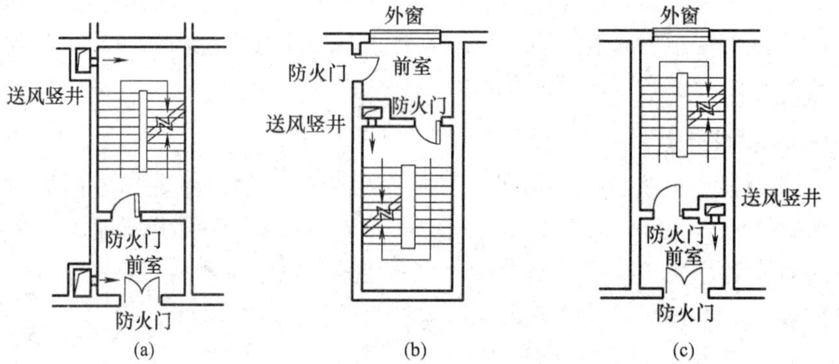

图 1-4　防烟楼梯间

2. 防烟楼梯间的适用范围。发生火灾时，防烟楼梯间能够保障所在楼层人员安全疏散，是高层和地下建筑中常用的楼梯间形式。在下列情况下应设置防烟楼梯间：

(1) 一类高层建筑及建筑高度大于 32m 的二类高层建筑；

(2) 建筑高度大于 33m 的住宅建筑；

(3) 建筑高度大于 32m 且任一层人数超过 10 人的高层厂房；

(4) 当地下层数为 3 层及 3 层以上，以及地下室内地面与室外出入口地坪高差大于 10m 时。

（四）室外楼梯间

1. 室外楼梯间的设置位置。室外楼梯间一般设置在建筑外墙上，全部敞开与室外相连，且常布置在建筑端部，如图 1-5 所示。室外楼梯间不易受到烟火的威胁，防烟效果和经济性都较好，既可供人员疏散使用，又可供消防人员进入作业楼层扑灭火灾使用。

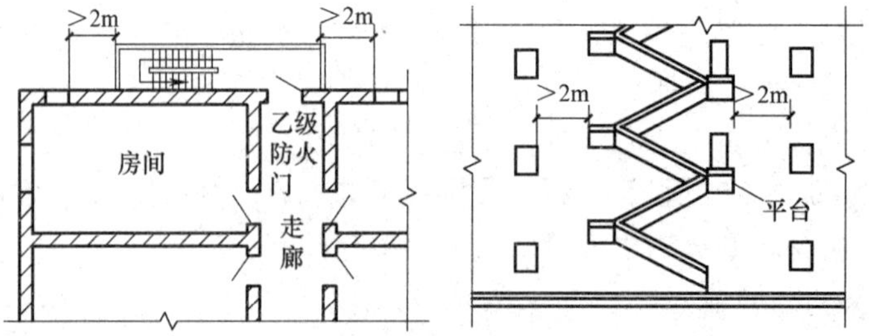

图 1-5　室外楼梯间

2. 室外楼梯间的适用范围。室外楼梯间适用于高层厂房和甲、乙、丙类多层厂房，建筑高度大于 32m 且任一层人数超过 10 人的高层厂房，以及辅助防烟楼梯。

第三节　消防设施与器材

消防设施与器材主要用于建筑物的火灾报警、灭火、人员疏散、防火分隔及灭火救援行动。消防设施，是指火灾自动报警系统、消火栓给水系统、自动灭火系统、防烟排烟系统以及应急广播和应急照明、安全疏散设施等。消防器材，主要是指移动灭火器材（如灭火器、灭火毯等）、辅助逃生设备以及消防安全标志等。本节仅对其中部分内容进行简要介绍。

一、火灾自动报警系统

火灾自动报警系统，是指探测火灾早期特征，发出火灾报警信号，为人员安全疏散、防止火灾蔓延和启动自动灭火设备提供控制与指示的自动消防系统。

（一）火灾自动报警系统的形式及适用范围

火灾自动报警系统有区域报警系统、集中报警系统和控制中心报警系统三种形式。

1. 区域报警系统。该系统由火灾探测器、手动火灾报警按钮、火灾声光警报器及火灾报警控制器等组成，系统中可包括消防控制室图形显示装置和指示楼层的区域显示器。仅需要报警，不需要联动自动消防设备的保护对象宜采用区域报警系统。

2. 集中报警系统。该系统由火灾探测器、手动火灾报警按钮、火灾声光警报器、消防应急广播、消防专用电话、消防控制室图形显示装置、火灾报警控制器及消防联动控制器等组成。不仅需要报警，同时需要联动自动消防设备，且只设置一台具有集中控制功能的火灾报警控制器和消防联动控制器的保护对象，应采用集中报警系统，并应设置一个消防控制室。

3. 控制中心报警系统。该系统由火灾探测器、手动火灾报警按钮、火灾声光警报器、消防应急广播、消防专用电话、消防控制室图形显示装置、火灾报警控制器及消防联动控制器等组成，且包含两个及两个以上集中报警系统。设置两个及两个以上消防控制室的保护对象，或已设置两个及两个以上集中报警系统的保护对象，应采用控制中心报警系统。控制中心报警系统一般适用于建筑群或体量很大的保护对象。

（二）火灾自动报警系统的组成及工作原理

火灾自动报警系统由火灾探测报警系统、消防联动控制系统、可燃气体探测报警系统及电气火灾监控系统四个子系统组成。

1. 火灾探测报警系统。该系统能及时、准确地探测被保护对象的初起火灾，并做出报警响应，从而使建筑物中的人员有足够的时间在火灾尚未发展蔓延到危害生命安全的程度时疏散至安全地带，是保障人员生命安全的最基本的建筑消防系统。该系统由触发器件（火灾探测器和手动火灾报警按钮）、火灾报警控制器和火灾警报装置等组成，如图 1-6 所示。

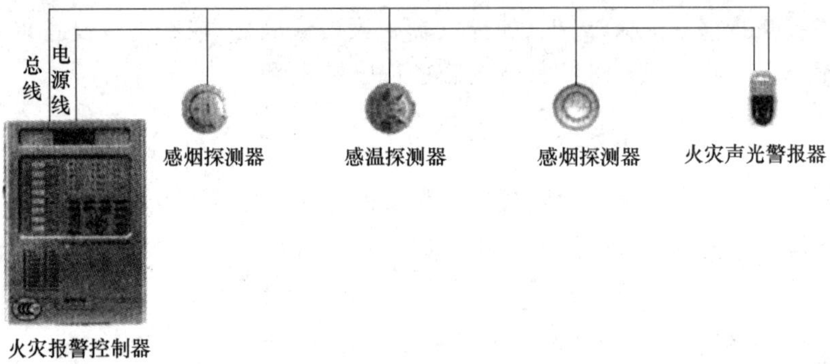

图 1-6　火灾探测报警系统示意图

火灾探测报警系统的工作原理是：平时安装在建筑物内的火灾探测器实时监测被警戒的保护区域。当某一被监视场所着火，安装在保护区域现场的火灾探测器将火灾产生的烟雾、热量和光辐射等火灾特征参数转变为电信号，经数据处理后，火灾特征参数信息被传输至火灾报警控制器；或直接由火灾探测器做出火灾报警判断后，将报警信息传输到火灾报警控制器，控制器将此信号与现场正常状态整定信号进行比较。若确认是火灾，则输出两回路信号：一路指令声光显示装置动作，发出音响报警及显示火灾现场地址，并记录第一次报警时间；另一路则指令设于现场的执行器对其他自动消防设施进行联动控制，使整个消防自动控制系统工作，以便及时完成灭火救灾。为了防止系统失控或执行器中组件、阀门失灵而贻误救火时间，现场附近还设有手动开关，用以手动报警以及控制执行器动作，以便及时扑灭火灾。

2. 消防联动控制系统。该系统主要是由消防联动控制器、消防控制室图形显示装置、消防电气控制装置（防火卷帘控制器、气体灭火控制器等）、消防电动装置、消防联动模块、消火栓按钮、消防应急广播设备及消防电话等设备和组件组成，如图 1-7 所示。

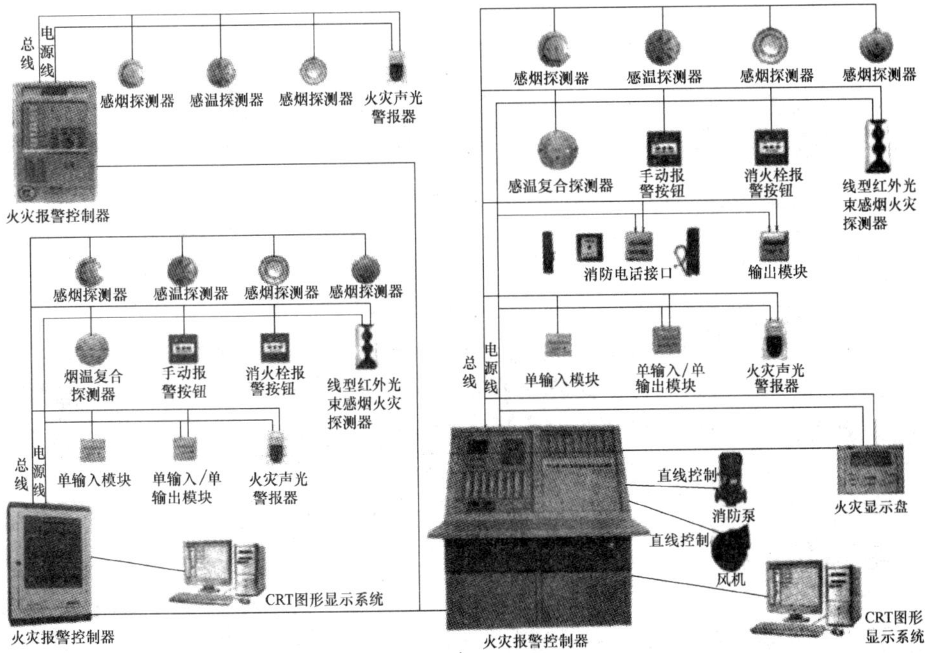

图 1-7 消防联动控制系统组成示意图

消防联动控制系统的工作原理是：火灾发生时，火灾探测器和手动火灾报警按钮的报警信号等联动触发信号传输至消防联动控制器，消防联动控制器按照预设的逻辑关系对接收到的触发信号进行识别判断，在满足逻辑关系条件时，消防联动控制器按照预设的控制时序启动相应自动消防系统（设施），实现预设的消防功能；消防控制室的消防管理人员也可以通过操作消防联动控制器的手动控制盘直接启动相应的消防系统（设施），从而实现相应消防系统（设施）预设的消防功能，消防联动控制接收并显示消防系统（设施）动作的反馈信息。

3. 可燃气体探测报警系统。该系统由可燃气体报警控制器、可燃气体探测器和火灾声光警报器组成，如图 1-8 所示。该系统能够在保护区域内泄漏可燃气体的浓度低于爆炸下限的条件下提前报警，从而预防由于可燃气体泄漏引发的火灾和爆炸事故的发生。该系统是火灾自动报警系统的独立子系统，属于火灾预警系统。

可燃气体探测报警系统的工作原理是：发生可燃气体泄漏时，安装在保护区域现场的可燃气体探测器将泄漏可燃气体的浓度参数转变为电信号，经数据处理后，可燃气体浓度参数信息被传输至可燃气体报警控制器；或直接由可燃

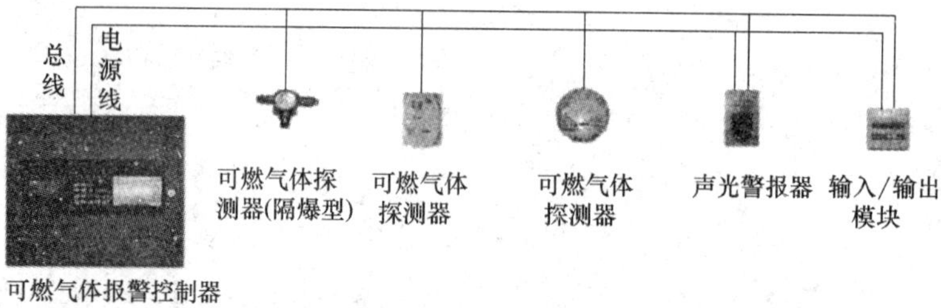

图 1-8 可燃气体探测报警系统组成示意图

气体探测器做出泄漏可燃气体浓度超限报警判断后，将报警信息传输至可燃气体报警控制器。可燃气体报警控制器在接收到探测器的可燃气体浓度参数信息或报警信息后，经报警确认判断，显示泄漏报警探测器的部位并发出泄漏可燃气体浓度信息，记录探测器报警的时间，同时驱动安装在保护区域现场的声光警报装置发出声光警报，警示人员采取相应的处置措施；必要时，可以控制并关断燃气阀门，防止燃气的进一步泄漏。

4. 电气火灾监控系统。该系统由电气火灾监控器、电气火灾监控探测器组成，如图 1-9 所示。该系统能在发生电气故障，产生一定电气火灾隐患的条件下发出报警，提醒专业人员排除电气火灾隐患，实现电气火灾的早期预防，避免电气火灾的发生。该系统是火灾自动报警系统的独立子系统，属于火灾预警系统。

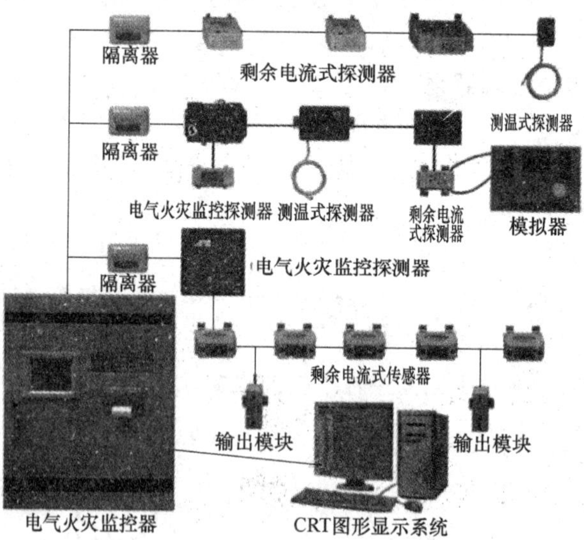

图 1-9 电气火灾监控系统组成示意图

电气火灾监控系统的工作原理是：发生电气故障时，电气火灾监控探测器将保护线路中的剩余电流、温度等电气故障参数信息转变为电信号，经数据处理后，探测器做出报警判断，将报警信息传输到电气火灾监控器；电气火灾监控器在接收到探测器的报警信息后，经报警确认判断，显示电气故障报警探测器的部位信息，记录探测器报警的时间，同时驱动安装在保护区域现场的声光警报装置发出声光警报，警示人员采取相应的处置措施，排除电气故障、消除电气火灾隐患，防止电气火灾的发生。

（三）火灾自动报警系统的设置场所

现行国家标准《建筑设计防火规范》（GB 50016）、《人民防空工程设计防火规范》（GB 50098）、《汽车库、修车库、停车场设计防火规范》（GB 50067）、《飞机库设计防火规范》（GB 50284）、《石油库设计规范》（GB 50074）、《石油化工企业设计防火规范》（GB 50160）等，对火灾自动报警系统的设置场所分别作了具体规定。因此，系统设置时应符合现行国家标准的有关规定。

（四）消防控制室

消防控制室作为消防管理、火灾救援的信息管理和指挥中心，用于接收、显示、处理火灾报警信号，控制相关消防设施的专门处所，是建筑内消防设施的控制中心枢纽。在平时，它全天候地监测各种消防设备的工作状态，保持系统的正常运行。一旦出现火情，它将成为紧急信息汇集、显示、处理的中心，及时、准确地反馈火情的发展过程，正确、迅速地控制各种相关设备，达到疏导和保护人员、控制和扑灭火灾的目的。

1. 消防控制室的设置原则：具有消防联动功能的火灾自动报警系统的保护对象中应设置消防控制室。

2. 消防控制室内的消防设备组成：包括火灾报警控制器、消防联动控制器、消防控制室图形显示装置、消防专用电话总机、消防应急广播控制装置、消防应急照明和疏散指示系统控制装置以及消防电源监控器等设备或具有相应功能的组合设备，如图 1-10 所示。

二、消火栓给水系统

消火栓给水系统分为市政消火栓给水系统、室外消火栓给水系统和室内消火栓给水系统三种，它是建设工程中设置的最广泛的一种消防设施。以下仅对后两种系统予以介绍。

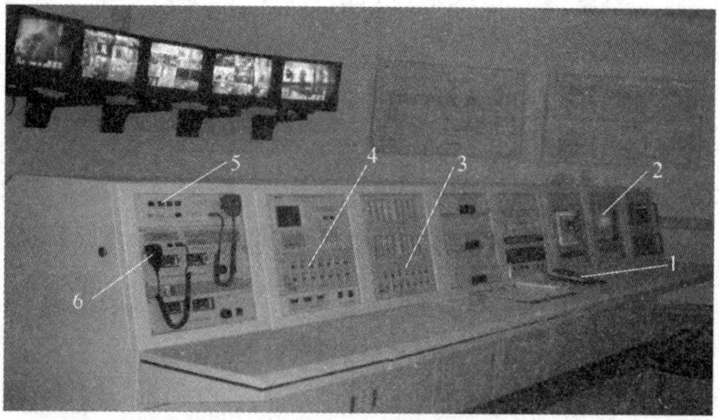

图 1-10 消防控制室内控制设备的组成

1—消防外线电话；2—消防控制室图形显示装置；3—消防联动控制器；
4—火灾报警控制器；5—消防专用电话主机；6—消防应急广播

（一）室外消火栓给水系统

室外消火栓给水系统的任务就是通过室外消火栓为消防车等消防设备提供消防用水，或通过进户管为室内消防给水设备提供消防用水。室外消防给水系统应满足火灾扑救时各种消防用水设备对水量、水压、水质的基本要求。

1. 室外消火栓给水系统的组成。室外消火栓给水系统是设置在建筑物外墙外的消防给水系统，主要承担城市、集镇、居住区或工矿企业等室外部分的消防给水任务的工程设施。该系统主要由消防水源、消防供水设备、室外消防给水管网和室外消火栓灭火设施组成。室外消防给水管网包括进水管、干管和相应的配件、附件。室外消火栓灭火设施包括室外消火栓、水带、水枪等。

2. 室外消火栓给水系统的类型。该系统按水压的不同可分为以下三种类型：

（1）常高压消防给水系统。该系统是指能始终保持满足水灭火设施所需的系统工作压力和流量，火灾时无须消防水泵直接加压的系统。

（2）临时高压消防给水系统。该系统是指平时不能满足水灭火设施所需的系统工作压力和流量，火灾时能直接自动启动消防水泵以满足水灭火设施所需的压力和流量的系统。

（3）低压消防给水系统。该系统是指能满足消防车或手抬泵等取水所需从地面算起不应小于 0.10MPa 的压力和流量的系统。

3. 室外消火栓给水系统设置场所。民用建筑、厂房、仓库、储罐（区）和堆场周围以及用于消防救援和消防车停靠的屋面，应设置室外消火栓系统。

耐火等级不低于二级且建筑体积不大于 3000m³ 的戊类厂房，居住区人数不超过 500 人且建筑层数不超过两层的居住区，可不设置室外消火栓系统。

（二）室内消火栓给水系统

室内消火栓给水系统，是指一种既可供火灾现场人员使用消火栓箱内的消防水喉或水枪扑救初起火灾，又可供消防队员使用箱内消火栓和水枪扑救大火的灭火系统。该系统是建（构）筑物设置最广泛的一种主要灭火系统。

1. 室内消火栓给水系统的组成。该系统主要由消防水源、供水设备、室内消防给水管网、室内消火栓设备等组成，如图 1-11 所示。

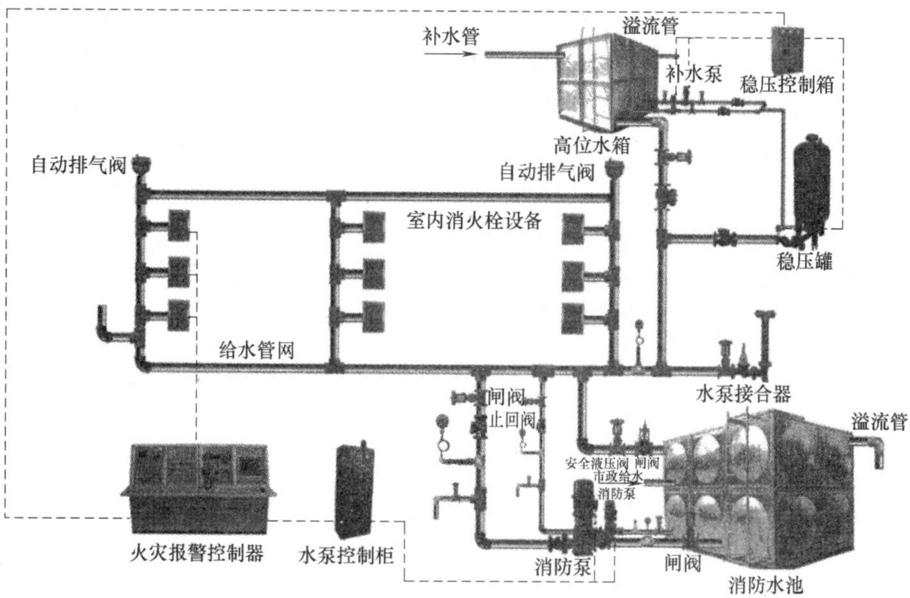

图 1-11　室内消火栓给水系统组成示意图

2. 室内消火栓给水系统的类型。该系统按不同的分类方式有不同的类型。

（1）按压力高低分类，可分为以下两种类型：

① 室内常高压消防给水系统，是指能始终保持满足水灭火设施所需的系统工作压力和流量，火灾时无须消防水泵直接加压的系统。

② 临时高压消防给水系统，是指平时不能满足水灭火设施所需的系统工作压力和流量，火灾时能直接自动启动消防水泵以满足水灭火设施所需的压力和流量的系统。

（2）按系统的服务范围分类，可分为以下两种类型：

① 独立的高压（或临时高压）消防给水系统，是指每幢建筑物独立设置

水池、水泵和水箱的高压（或临时高压）消防给水系统。该系统供水安全可靠，但投资较大，管理较分散。对于重要的高层建筑以及抗震、人防要求较高的建筑宜采用此系统。

② 区域集中的高压（或临时高压）消防给水系统，是指数幢或数十幢建筑共用一个加压水泵房的高压（或临时高压）消防给水系统。该系统便于集中管理，节省投资，但在地震区安全性较低。因此，对于有合理规划的建筑小区宜采用区域集中的高压（或临时高压）消防给水系统。

3. 室内消火栓给水系统的设置场所。下列建筑或场所应设置室内消火栓系统：

（1）建筑占地面积大于 $300m^2$ 的厂房和仓库。

（2）高层公共建筑和建筑高度大于 21m 的住宅建筑。建筑高度不大于 27m 的住宅建筑，设置室内消火栓系统确有困难时，可只设置干式消防竖管和不带消火栓箱的 DN65 的室内消火栓。

（3）体积大于 $5000m^3$ 的车站、码头、机场的候车（船、机）建筑、展览建筑、商店建筑、旅馆建筑、医疗建筑和图书馆建筑等单、多层建筑。

（4）特等、甲等剧场，超过 800 个座位的其他等级的剧场和电影院以及超过 1200 个座位的礼堂、体育馆等单、多层建筑。

（5）建筑高度大于 15m 或体积大于 $10000m^3$ 的办公建筑、教学建筑和其他单、多层民用建筑。

4. 室内消火栓的设置要求。

（1）室内消火栓的配置应符合下列要求：应采用 DN65 室内消火栓，并可与消防软管卷盘和轻便水龙设置在同一箱体内；应配置公称直径 65 有内衬里的消防水带，长度不宜超过 25m；消防软管卷盘应配置内径不小于 $\phi19$ 的消防软管，其长度宜为 30m；轻便水龙应配置公称直径 25 有内衬里的消防水带，长度宜为 30m；宜配置当量喷嘴直径 16mm 或 19mm 的消防水枪，但当消火栓设计流量为 2.5L/s 时宜配置当量喷嘴直径 11mm 或 13mm 的消防水枪；消防软管卷盘和轻便水龙应配置当量喷嘴直径 6mm 的消防水枪。

（2）设置室内消火栓的建筑，包括设备层在内的各层均应设置消火栓。

（3）屋顶设有直升机停机坪的建筑，应在停机坪出入口处或非电器设备机房处设置消火栓，且距停机坪机位边缘的距离不应小于 5m。

（4）消防电梯前室应设置室内消火栓，并应计入消火栓使用数量。

（5）室内消火栓的布置应满足同一平面有 2 支消防水枪的 2 股充实水柱同时达到任何部位的要求，但建筑高度小于等于 24m 且体积小于等于 $5000m^3$ 的多层仓库，建筑高度小于或等于 54m 且每单元设置一部疏散楼梯的住宅，以及人防工程中包括体积小于等于 1000m^3 展览厅、影院、剧场、礼堂、健身体育场所等，体积小于等于 5000m^3 的商场、餐厅、旅馆、医院等，体积小于等于 2500m^3 的丙、丁、戊类生产车间、自行车库，体积小于等于 3000m^3 的丙、丁、戊类物品库房、图书资料档案库的场所，可采用 1 支消防水枪的 1 股充实水柱到达室内任何部位。

（6）建筑室内消火栓的设置位置应满足火灾扑救要求，并应符合下列规定：室内消火栓应设置在楼梯间及其休息平台和前室、走道等明显易于取用和便于火灾扑救的位置；住宅的室内消火栓宜设置在楼梯间及其休息平台；汽车库内消火栓的设置不应影响汽车的通行和车位的设置，并应确保消火栓的开启；同一楼梯间及其附近不同层设置的消火栓，其平面位置宜相同；冷库的室内消火栓应设置在常温穿堂或楼梯间内。

（7）建筑室内消火栓栓口的安装高度应便于消防水带的连接和使用，其距地面高度宜为 1.1m；其出水方向应便于消防水带的敷设，并宜与设置消火栓的墙面呈 90°角或向下。

（8）设有室内消火栓的建筑应设置带有压力表的试验消火栓，其设置位置应符合下列规定：多层和高层建筑应在其屋顶设置，严寒、寒冷等冬季结冰地区可设置在顶层出口处或水箱间内等便于操作和防冻的位置；单层建筑宜设置在水力最不利处，且应靠近出入口。

（9）室内消火栓宜按行走距离计算其布置间距，并应符合下列规定：消火栓按 2 支消防水枪的 2 股充实水柱布置的建筑物，消火栓的布置间距不应大于 30m；消火栓按 1 支消防水枪的 1 股充实水柱布置的建筑物，消火栓的布置间距不应大于 50m。

（10）下列场所应设置消防软管卷盘：高层民用建筑；多层建筑中的高级旅馆、重要的办公楼、设有空气调节系统的旅馆和办公楼；人员密集的公共建筑、公共娱乐场所、幼儿园、老年公寓等场所；大于 200m^2 的商业网点；超过 1500 个座位的剧院、会堂其闷顶内安装有面灯部位的马道等场所。

（11）室内消火栓栓口压力和消防水枪充实水柱，应符合下列规定：消火栓栓口动压力不应大于 0.50MPa，但当大于 0.70MPa 时必须设置减压装置；高层建筑、厂房、库房和室内净空高度超过 8m 的民用建筑等场所，消火栓栓口动压不应小于 0.35MPa，且消防水枪充实水柱应按 13m 计算；其他场所，消火栓栓口动压不应小于 0.25MPa，且消防水枪充实水柱应按 10m 计算。

（12）建筑高度不大于 27m 的住宅应设置消火栓时，可采用干式消防竖管，并应符合下列规定：干式消防竖管宜设置在楼梯间休息平台，且仅应配置消火栓栓口；干式消防竖管应设置消防车供水的接口；消防车供水接口应设置在首层便于消防车接近和安全的地点；竖管顶端应设置自动排气阀。

(13) 住宅户内宜在生活给水管道上预留一个接 DN15 消防软管或轻便水龙的接口。

(14) 跃层住宅和商业网点的室内消火栓应至少满足 1 股充实水柱到达室内任何部位，并宜设置在户门附近。

三、自动喷水灭火系统

自动喷水灭火系统，是指由洒水喷头、报警阀组、水流报警装置（水流指示器或压力开关）等组件以及管道、供水设施组成的，并能在发生火灾时喷水灭火的自动灭火系统。

（一）自动喷水灭火系统的类型

自动喷水灭火系统根据其组成和工作原理的不同可分为湿式系统、干式系统、预作用系统、雨淋系统、水幕系统和自动喷水一泡沫联用系统等类型。目前，应用最为普遍的是湿式系统，其结构简单、灭火速度快、控火效率高。

（二）自动喷水灭火系统的组成及工作原理

自动喷水灭火系统的类型不同，其组成及工作原理亦不相同。这里仅重点介绍湿式系统的组成及工作原理。

湿式系统由闭式喷头、湿式报警阀组、管道系统、水流指示器、报警控制装置和末端试水装置及给水设备等组成，如图 1-12 所示。该系统的工作原理是：当防护区发生火灾，火源周围环境温度上升，火焰或高温气流使闭式喷头的热敏感元件动作，喷头开启喷水灭火时，水流指示器由于水的流动被感应并送出电信号，在报警控制器上显示某一区域已在喷水；由于湿式报警阀后的配水管道内的水压下降，使原来处于关闭状态的湿式报警阀开启，压力水流向配水管道；随着报警阀的开启，报警信号管路开通，压力水冲击水力警铃发出声响报警信号，同时安装在管路上的压力开关接通并发出相应的电信号，直接或通过消防控制室自动启动消防水泵向系统加压供水，达到持续自动喷水灭火的目的。

（三）自动喷水灭火系统的设置场所

现行国家标准《建筑设计防火规范》(GB 50016)、《人民防空工程设计防火规范》(GB 50098)、《汽车库、修车库、停车场设计防火规范》(GB 50067)、《飞机库设计防火规范》(GB 50284)、《石油化工企业设计防火规范》(GB 50160) 等，对自动喷水灭火系统的设置场所分别作了具体规定。因此，设置自动喷水灭火系统时应符合现行国家标准的有关规定。

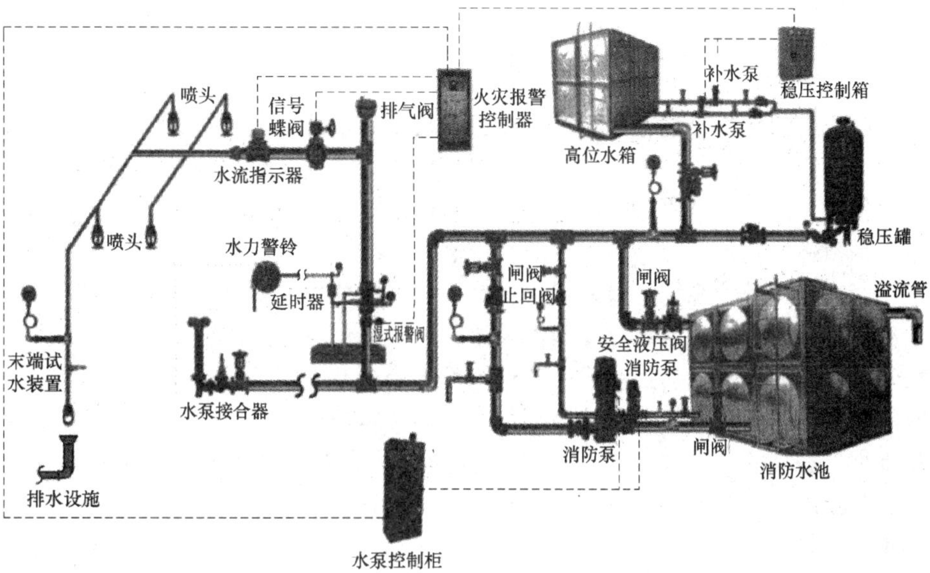

图 1-12　湿式自动喷水灭火系统组成示意图

四、防排烟系统

防排烟系统，是指建筑物内设置的用以防止火灾烟气蔓延扩大的防烟和排烟系统的总称。

（一）防排烟系统的类型

1. 防烟系统，是指采用自然通风方式或机械加压送风方式，防止建筑物发生火灾时烟气进入疏散通道和避难场所等区域的系统。在不具备通风条件时，机械加压送风系统是确保火灾中建筑疏散楼梯间及前室（合用前室）安全的主要措施。

2. 排烟系统，是指采用自然通风方式或机械排烟方式，将房间、走道等空间的烟气排至建筑物外，控制建筑内的有烟区域保持一定能见度的系统。其又分为自然排烟系统和机械排烟系统两种方式。

（二）防排烟系统的组成及工作原理

1. 防烟系统的组成及工作原理：机械加压送风防烟系统主要由送风口、送风管道、送风机和防烟部位（楼梯间、前室或合用前室）以及风机控制柜等组成，如图 1-13 所示。该系统的工作原理是：在疏散通道等需要防烟的部位送入足够的新鲜空气，使其维持高于建筑物其他部位的压力，从而把着火区域所产生的烟气堵截于防烟部位之外。

2. 排烟系统的组成及工作原理。该系统主要分为自然排烟系统和机械排烟系统两种方式。

(1) 自然排烟系统。该系统主要由自然排烟口等组成。其工作原理是利用建筑物的构造，在自然力的作用下，即利用火灾产生的热烟气流的浮力和外部风力作用，通过建筑物房间或走道的开口把烟气排至室外。通常，对于满足自然排烟条件的建筑，应当首先考虑采用这种系统。

(2) 机械排烟系统。该系统主要是由挡烟构件、排烟口、排烟防火阀、排烟道、排烟风机及排烟出口控制器等组成。其工作原理是：当建筑物内发生火灾时，由火场人员手动控制或由感烟探测器将火灾信号传递给防排烟控制器，开启活动的挡烟垂壁将烟气控制在发生火灾的防烟分区内，并打开排烟口以及和排烟口联动的排烟防火阀；同时，关闭空调系统和送风管道内的防火调节阀，防止烟气从空调、通风系统蔓延到其他非着火房间；最后，由设置在屋顶的排烟机将烟气通过排烟管道排至室外。

(三) 防排烟系统的设置场所

现行国家标准《建筑设计防火规范》(GB 50016)、《人民防空工程设计防火规范》(GB 50098)、《汽车库、修车库、停车场设计防火规范》(GB 50067)等对防排烟系统的设置场所分别作了具体规定。因此，防排烟系统设置时应符合现行国家标准的有关规定。

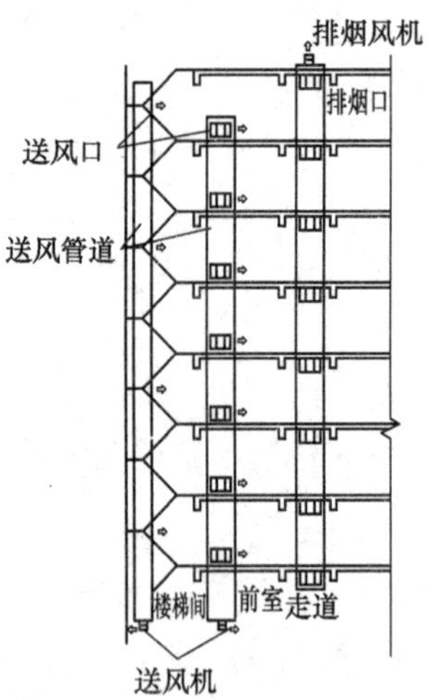

图 1-13 机械加压送风防烟系统示意图

五、安全疏散设施

为避免被困人员因火烧、缺氧窒息、烟雾中毒和房屋倒塌造成伤害，尽快让被困人员疏散逃生到安全区域，保证消防人员迅速接近起火部位展开救援，就必须在建设工程内设置相应的安全疏散设施。安全疏散设施包括：消防应急照明和疏散指示系统、消防应急广播设施等。

(一) 消防应急照明和疏散指示系统

消防应急照明和疏散指示系统，是指为火灾中人员疏散、灭火救援行动提供照明和方向指示的安全疏散设施。当建筑物发生火灾，正常照明电源被切断时，为了给被困人员提供必要的疏散照明和疏散方向指示，以免因看不清路面、辨别不出方向而发生拥挤、碰撞、摔倒等事故，以及为消防队员进行灭火、抢救伤员和疏散物资等行动提供便利，应在建（构）筑物中设置疏散指示和消防应急照明系统。

1. 消防应急照明和疏散指示系统的类型及其各自的组成与工作原理。按照灯具的应急供电和控制方式的不同，该系统可分为以下四类：

（1）自带电源非集中控制型系统。该系统由应急照明配电箱和消防应急灯具组成。消防应急灯具由应急照明配电箱供电。自带电源非集中控制系统连接的消防应急灯具均为自带电源型，灯具内部自带蓄电池，工作方式为独立控制，无集中控制功能。其工作原理是：在正常工作状态下，市电通过应急照明配电箱为灯具供电，用于正常工作和蓄电池充电。发生火灾时，相关防火分区内的应急照明配电箱动作，切断消防应急灯具的市电供电线路，灯具的工作电源由灯具内部自带的蓄电池提供，灯具进入应急状态，为人员疏散和消防作业提供应急照明和疏散指示。

（2）自带电源集中控制型系统。该系统由应急照明控制器、应急照明配电箱和消防应急灯具组成。消防应急灯具由应急照明配电箱供电，消防应急灯具的工作状态受应急照明控制器控制和管理。自带电源集中控制型系统连接的消防应急灯具均为自带电源型，灯具内部自带蓄电池，但是消防应急灯具的应急转换由应急照明控制器控制。其工作原理是：在正常工作状态下，市电通过应急照明配电箱为灯具供电，用于正常工作和蓄电池充电。应急照明控制器通过实时检测消防应急灯具的工作状态，实现灯具的集中监测和管理。发生火灾时，应急照明控制器接收到消防联动信号后，下发控制命令至消防应急灯具，控制应急照明配电箱和消防应急灯具转入应急状态，为人员疏散和灭火救援行动提供照明和疏散指示。

（3）集中电源非集中控制型系统。该系统由应急照明集中电源、应急照明分配电装置和消防应急灯具组成。应急照明集中电源通过应急照明分配电装置为消防应急灯具供电。集中电源非集中控制型系统连接的消防应急灯具自身不带电源，工作电源由应急照明集中电源提供，工作方式为独立控制，无集中控制功能。其工作原理是：在正常工作状态下，市电接入应急照明集中电源，用于正常工作和电池充电，通过各防火分区设置的应急照明分配电装置将应急照明集中电源的输出提供给消防应急灯具。发生火灾时，应急照明集中电源的供电电源由市电切换至电池，集中电源进入应急工作状态，通过应急照明分配电装置供电的消防应急灯具也进入应急工作状态，为人员疏散和灭火救援行动提供照明和疏散指示。

（4）集中电源集中控制型系统。该系统由应急照明控制器、应急照明集中电源、应急照明分配电装置和消防应急灯具组成。应急照明集中电源通过应急照明分配电装置为消防应急灯具供电，应急照明集中电源和消防应急照明灯具的工作状态受应急照明控制器控制。其工作原理是：在正常工作状态下，市电接入应急照明集中电源，用于正常工作和电池充电，通过各防火分区设置的应急照明分配电装置将应急照明集中电源的输出提供给消防应急灯具。应急照明控制器通过实时检测应急照明集中电源、应急照明分配电装置和消防应急灯具的工作状态，实现系统的集中监测和管理。发生火灾时，应急照明控制器接收到消防联动信号后，下发控制命令至应急照明集中电源、应急照明分配电装置和消防应急灯具，控制系统转入应急状态，为人员疏散和灭火救援系统提供照明和疏散指示。

2. 消防应急照明和疏散指示系统的设置场所及要求。

（1）除建筑高度小于 27m 的住宅建筑外，民用建筑、厂房和丙类仓库的下列部位应设置疏散照明：封闭楼梯间、防烟楼梯间及其前室、消防电梯间的前室或合用前室、避难走道、避难层（间）；观众厅、展览厅、多功能厅和建筑面积大于 200m^2 的营业厅、餐厅、演播室等人员密集的场所；建筑面积大于 100m^2 的地下或半地下公共活动场所；公共建筑内的疏散走道；人员密集的厂房内的生产场所及疏散走道。

（2）公共建筑、建筑高度大于 54m 的住宅建筑、高层厂房（库房）和甲、乙、丙类单、多层厂房，应设置灯光疏散指示标志，并应符合下列规定：应设置在安全出口和人员密集场所的疏散门的正上方；应设置在疏散走道及其转角处距地面高度 1m 以下的墙面或地面上。灯光疏散指示标志的间距不应大于 20m；对于袋形走道，不应大于 10m；在走道转角区，不应大于 1m。

（3）消防控制室、消防水泵房、自备发电机房、配电室、防排烟机房以及发生火灾时仍需正常工作的消防设备房应设置备用照明，其作业面的最低照度不应低于正常照明的照度。

（4）下列建筑或场所应在疏散走道和主要疏散路径的地面上增设能保持视觉连续的灯光疏散指示标志或蓄光疏散指示标志：总建筑面积大于 8000m^2 的展览建筑；总建筑面积大于 5000m^2 的地上商店；总建筑面积大于 500^2 的地下或半地下商店；歌舞娱乐放映游艺场所；座位数超过 1500 个的电影院、剧场，座位数超过 3000 个的体育馆、会堂或礼堂；车站、码头建筑和民用机场航站楼中建筑面积大于 3000m^2 候车、候船厅和航站楼的公共区。

（5）疏散照明灯具应设置在出口的顶部、墙面的上部或顶棚上；备用照明灯具应设置在墙面的上部或顶棚上。

3. 建筑内疏散照明的地面最低水平照度，应符合以下要求：

（1）对于疏散走道，不应低于 1.0Lx。

（2）对于人员密集场所、避难层（间），不应低于 3.0Lx；对于病房楼或手术部的避难层，不应低于 10.0Lx。

（3）对于楼梯间、前室或合用前室、避难走道，不应低于 5.0Lx。

（二）消防应急广播设施

消防应急广播设施，主要是用于火灾或意外事故时对指定区域进行应急信息广播，并指挥现场人员进行疏散。

独立的消防应急广播系统由消防广播功放、分配盘或广播模块、音频线路及扬声器（喇叭）所组成，如图 1-14 所示。合用消防应急广播系统，在充分利用背景音乐广播系统的基础上，可只设 1 台或 2 台消防广播功放。设有消防控制室的建筑应设置消防应急广播设施，以便于火灾疏散统一指挥。

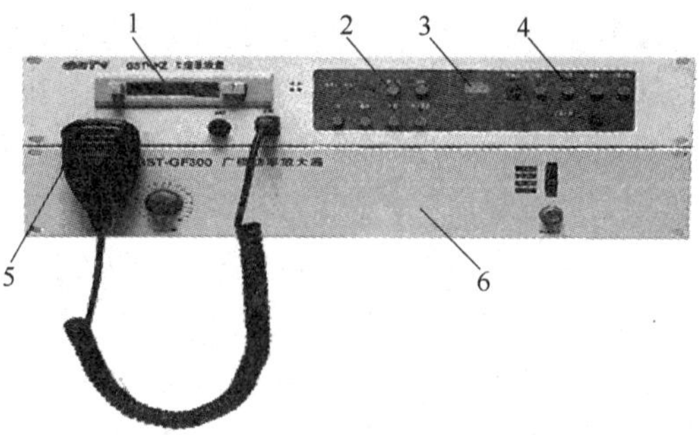

图 1-14　消防应急广播设施的组成

1—卡座录放盘；2—按键；3—时间显示；4—指示灯区；5—播音话筒；6—功率放大器

六、防火分隔设施

防火分隔设施，是指防火分区之间设置的能保证在一定时间内阻燃的边缘构件及设施，主要包括防火墙、防火门（窗）、防火卷帘、防火水幕带等。本书仅对防火门和防火卷帘进行简单介绍。

（一）防火门

防火门，是指在一定时间内，连同框架能满足耐火稳定性、完整性和隔热性要求的门。防火门是设置于防火分区之间或疏散楼梯间、安全出口间、消防电梯前室及垂直竖井等部位且具有一定耐火极限并在发生火灾时能自行关闭的一种活动式防火分隔物。

1. 防火门的构造。防火门由门扇、门框、闭门器、防火门释放器、顺序

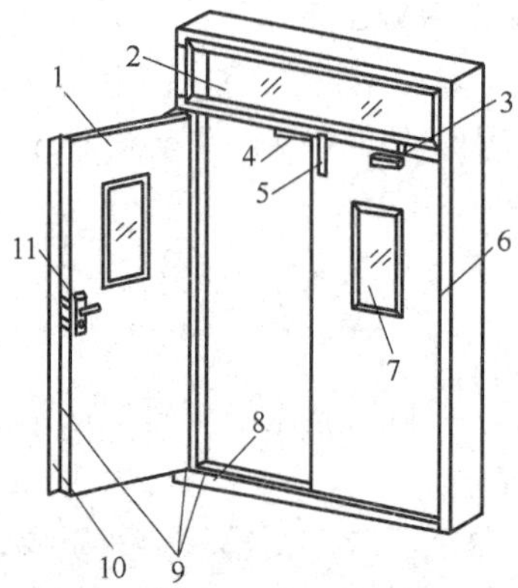

图 1-15 防火门组成示意图

1—门扇；2—窗；3—防火闭门器；4—防火顺序器；5—防火插销；6—防火合页；7—门扇玻璃；8—门框；9—密封条；10—中缝盖缝板；11—防火锁具

器、闭门器、防火锁具、防火合页、防火玻璃、填充隔热耐火材料及控制设备等组成，如图 1-15 所示。防火门除具有普通门的作用外，更重要的是具有能阻止火势蔓延和烟气扩散，为火灾时人员疏散提供安全条件的作用。当防火门在火灾时处于敞开状态，其阻隔烟、火的功能将彻底丧失。

2. 防火门的分类。防火门按不同的分类方式，可分为不同的种类。

（1）防火门按耐火极限的不同，可分为甲级、乙级和丙级防火门三种类型。甲级防火门耐火极限不低于 1.20h，乙级防火门耐火极限不低于 0.90h，丙级防火门耐火极限不低于 0.60h。通常，甲级防火门用于防火分区中作为水平防火分区的分隔设施，乙级防火门用于疏散楼梯间的分隔，丙级防火门用于管道井等的检修门。

（2）防火门按开闭状态的不同，可分为常开防火门和常闭防火门两种类型。设置在建筑内经常有人通行处的防火门宜采用常开防火门。常开防火门应能在火灾时自行关闭，并应有信号反馈的功能。除允许设置常开防火门的位置外，其他位置的防火门均应采用常闭防火门。常闭防火门应在其明显位置设置保持门关闭的提示标志。

（二）防火卷帘

防火卷帘是平时卷放在门、窗、洞口上方或侧面的转轴箱内，火灾时将其放下展开，在一定时间内连同框架能满足耐火稳定性和完整性要求，用以阻止火势从门、窗、洞口蔓延的一种活动式防火分隔物。

1. 防火卷帘的构造。防火卷帘通常由帘板、导轨、传动装置、控制机构、手动速放关闭装置、箱体、卷门机、限位及按钮开关等组成，如图 1-16 所示。

2. 防火卷帘的操作控制方式。防火卷帘的操作控制方式有中控室操作、电动操作与手动操作三种控制方式。

（1）中控室操作。消防控制室内的值班人员由监控屏幕发现或由报警器报警，在某个区域发生火灾情况下，可直接在控制室启动电开关操作卷帘起降。

（2）电动操作。操纵卷帘门自动运行的电动按钮设置在卷帘门一侧的内外墙体上，既能在里侧操作，又能在外侧操作。操作时，按绿色“△”键，卷帘

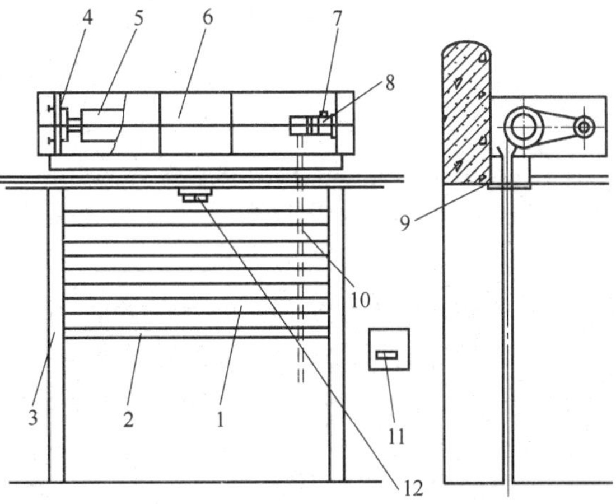

图 1-16 防火卷帘结构示意图

1—帘板；2—座板；3—导轨；4—支撑板；5—卷轴；6—箱体；7—限位器；8—卷门机；
9—门楣；10—手动速放关闭装置；11—控制箱（按钮盒）；12—探头装置

即向上卷；按绿色“▽”键，卷帘即向下降；按中间红色键，即停止。

（3）手动操作。防火卷帘门手动操作装置是一条圆环式铁锁链，通常锁链被放置在一个储藏箱内。操作时，先开启箱门拿出锁链，如向下拉靠墙一侧的锁链，卷帘便向下降；如向下拉另一侧锁链，卷帘便向上卷起。

3. 防火卷帘的设置部位。防火卷帘一般设置在电梯厅、自动扶梯周围，中庭与楼层走道、过厅相通的开口部位，生产车间中大面积工艺洞口以及设置防火墙有困难的部位等。

七、灭火器

灭火器是一种由人力手提或推拉至着火点附近，手动操作并在其内部压力作用下，将所充装的灭火剂喷出实施灭火的常规灭火器具。当建筑物发生火灾，在固定灭火系统尚未启动，且消防队尚未到达火场之前，火灾现场人员可使用灭火器先行灭火，能有效扑灭各类保护场所的初起火灾，同时还可节省灭火系统启动的耗费。

（一）灭火器的设置场所

根据《建筑设计防火规范》（GB 50016）等国家有关标准的规定，厂房、仓库、储罐（区）和堆场，以及高层住宅建筑的公共部位和公共建筑内均应设置灭火器。

（二）灭火器的类型

1. 按灭火器的移动方式不同，可分为以下三种类型：

(1) 手提式灭火器，是指可手提移动的并能在其内部压力作用下，将所装的灭火剂喷出用以扑救火灾的灭火器具，如图 1-17 所示。手提式灭火器的总质量一般在 20kg 以下。其中，二氧化碳灭火器的总质量不超过 23kg。

(2) 推车式灭火器，是指装有轮子的可由一人推或拉至火场，并能在其内部压力作用下，将所装的灭火剂喷出用以扑救火灾的灭火器具，如图 1-18 所示。推车式灭火器的总质量在 25～450kg 之间。

(3) 简易式灭火器，是指灭火剂充装量小于 1000g（或 mL），并由一只手指开启的不可重复充装使用的储压式灭火器。此类灭火器主要用于扑救家庭厨房油锅和废纸篓等固体可燃物的初起火灾。由于其灭火能力较低，因此，不能用于灭火器强制性配置的场所。

图 1-17　手提式灭火器

图 1-18　推车式灭火器

2. 按所充装灭火剂的类型不同，可分为以下四种类型：

(1) 水基型灭火器，又分为水型灭火器和泡沫灭火器两种。

① 水型灭火器：不具有发泡倍数和 25%析液时间的特性要求，充装的灭火剂主要是水，或辅助添加润湿剂等。其又分为清火灭火器和水基型水雾灭火器。

② 泡沫灭火器：具有发泡倍数和 25%析液时间的特性要求，充装的是泡沫灭火剂。

(2) 干粉型灭火器，充装的是干粉灭火剂。根据干粉灭火剂种类的不同，其又分为碳酸氢钠干粉灭火器（BC 干粉灭火器）、磷酸铵盐干粉灭火器（ABC 干粉灭火器）和 D 类火专用干粉灭火器。

(3) 二氧化碳灭火器，充装的是加压液化二氧化碳灭火剂。

(4) 洁净气体灭火器，充装的灭火剂包括卤代烷烃类灭火剂、惰性气体灭火剂和混合气体灭火剂等。由于 1211、1301 灭火器破坏大气的臭氧层，目前已被淘汰。

3. 按驱动灭火器的压力型式不同，可分为以下两种类型：

(1) 储气瓶式灭火器。该类灭火器的动力气体和灭火剂分开储存。动力气体储存在专用的小钢瓶内；灭火剂由储气瓶释放的压缩气体压力或液化气体压力驱动喷出灭火。该类灭火器构造复杂、零部件多、维修工艺繁杂，并且由于灭火器筒体平时不受压，因而有问题也不易发现；在使用过程中，平时不受压的筒体及密封连接处因瞬间受压易发生爆炸事故。

(2) 储压式灭火器。该类灭火器的灭火剂由储存于灭火器同一容器内的压缩气体或灭火剂蒸气压力驱动喷出灭火。

(三) 灭火器类型的选择

1. A 类火灾场所：应选择水型灭火器、磷酸铵盐干粉灭火器、泡沫灭火器或洁净气体灭火器。

2. B 类火灾场所：应选择泡沫灭火器、碳酸氢钠干粉灭火器、磷酸铵盐干粉灭火器、二氧化碳灭火器、灭 B 类火灾的水型灭火器或洁净气体灭火器；极性溶剂的 B 类火灾场所应选择灭 B 类火灾的抗溶性灭火器。

3. C 类火灾场所：应选择磷酸铵盐干粉灭火器、碳酸氢钠干粉灭火器、二氧化碳灭火器或洁净气体灭火器。

4. D 类火灾场所：应选择扑灭金属火灾的专用灭火器。

5. E 类火灾场所：应选择磷酸铵盐干粉灭火器、碳酸氢钠干粉灭火器、洁净气体灭火器或二氧化碳灭火器，但不得选用装有金属喇叭喷筒的二氧化碳灭火器。

6. F 类火灾场所：应选择碳酸氢钠干粉灭火器、水基型（水雾、泡沫）灭火器。

(四) 灭火器的结构及喷射原理

1. 干粉灭火器的结构及喷射原理。干粉灭火器有手提式和推车式两种型式，其结构及喷射原理如下：

(1) 手提式干粉灭火器：主要由筒体、器头、喷射部件等部分构成，如图 1-19 所示。筒体是存装灭火剂的容器，一般采用钢制焊接筒体；器头是用于密封筒体的阀门，一般包括提把、压把、内部压力指示器和可控制灭火剂间歇喷射的阀门；喷射部件是由虹吸管、喷射软管和喷嘴组成，虹吸管是将筒体内灭火剂排出的通道，喷射软管和喷嘴是为喷射灭火剂至火源起导向和扩散作用的部件。凡充装灭火剂量大于 3kg（3L）的必须装有喷射软管，其长度不应小于 400mm（不包括接头和喷嘴长度）；凡充装灭火剂量小于 3kg（3L）的可只装有喷嘴。灭火器都配有可控制灭火剂间歇喷射的装置。间歇喷射装置有的装在器头上，称为器头阀门；有的装在喷射软管末端，称为间歇喷射枪。平时，灭火剂和驱动气体储存在同一容器内，使用时由驱动气体压力驱动灭火剂喷射。

（2）推车式干粉灭火器：主要由车轮、车架等行驶机构、喷射软管以及喷射枪等组成喷射系统，如图 1-20 所示，其他结构及喷射原理与手提式灭火器基本相同。

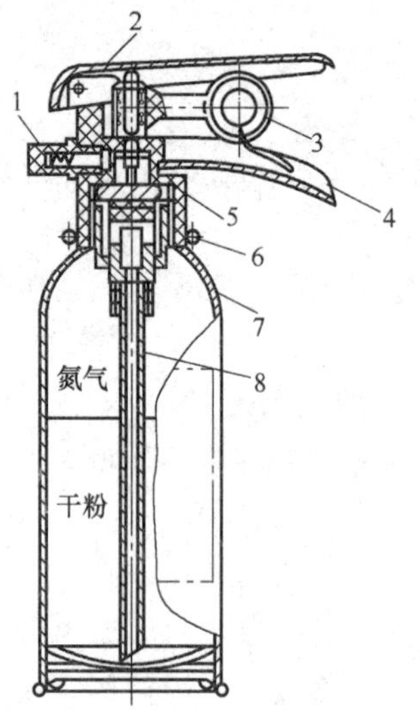

图 1-19 手提储压式干粉灭火器的结构图

1—喷嘴；2—压把；3—保险装置；4—提把；5—器头；6—密封阀；7—筒体；8—虹吸管

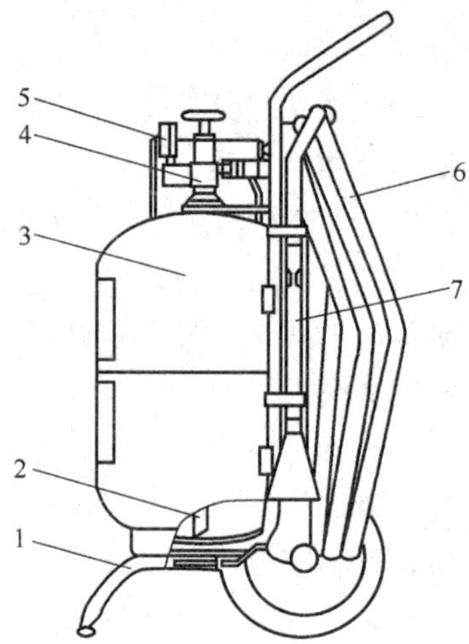

图 1-20 推车式干粉灭火器的结构图

1—车架；2—虹吸管；3—筒体；4—器头阀；5—压力表；6—喷射软管；7—喷射枪

2. 二氧化碳灭火器的结构和喷射原理。该类灭火器类同于储压式干粉灭火器，主要由无缝气瓶、器头阀门及喷射部件等部分构成。图 1-21 所示为手提式二氧化碳灭火器结构示意图，图 1-22 所示为推车式二氧化碳灭火器结构示意图。无缝气瓶用来灌装液态二氧化碳灭火剂，手提式灭火器的气瓶由铬钼钢或铝合金制成，推车式灭火器的气瓶一般由合金钢制成。器头阀门采用铜锻制成，手提式灭火器的阀门一般为压把式；推车式灭火器一般采用旋转式手轮阀门，在阀门上下设有超压安全保护装置。当气瓶内的二氧化碳灭火剂蒸气压超过安全设计压力时，会自行爆破，以释放二氧化碳气体。喷射部件由将气瓶内灭火剂排出的虹吸管和喷射灭火剂至火源起导向扩散作用的喷射软管或金属连接管以及喇叭喷筒组成，在喇叭喷筒与喷射软管连接处有一个防静电手柄。

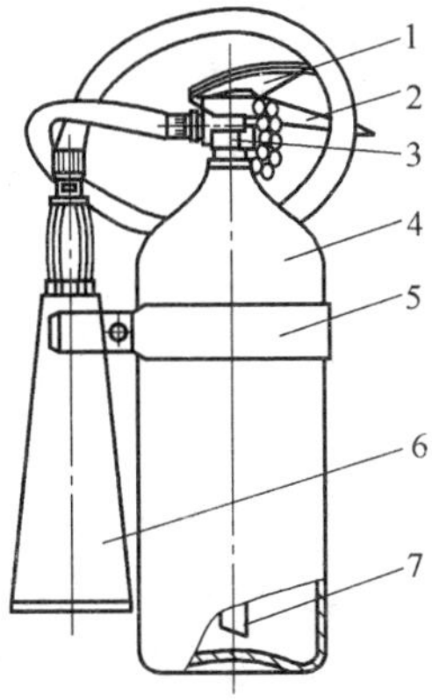

图 1-21 手提式二氧化碳灭火器结构图

1—压把；2—提把（带保险装置）；3—器头；4—气瓶；5—喇叭喷筒固定夹箍；6—喇叭喷筒；7—虹吸管

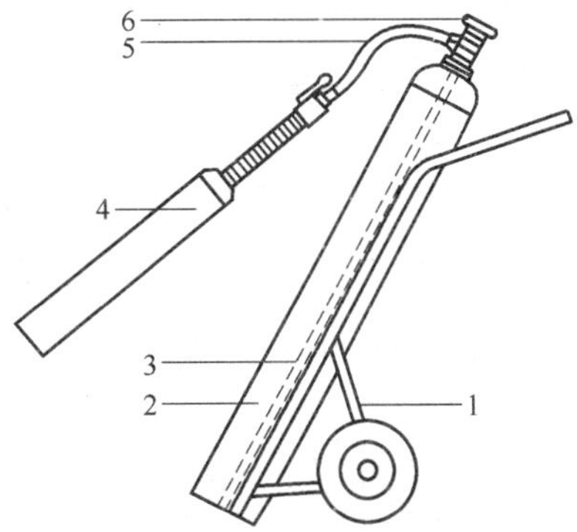

图 1-22 推车式二氧化碳灭火器结构图

1—车架；2—气瓶；3—虹吸管；4—喇叭喷筒；5—喷射软管；6—手轮阀门组件

（五）灭火器的设置要求

1. 灭火器应设置在位置明显和便于取用的地点，且不得影响安全疏散。

2. 对有视线障碍的灭火器设置点，应设置指示其位置的发光标志。

3. 灭火器的摆放应稳固，其铭牌应朝外。手提式灭火器宜设置在灭火器箱内或挂钩、托架上，其顶部离地面高度不应大于 1.5m；底部离地面高度不宜小于 0.08m。灭火器箱不得上锁。

4. 灭火器不应设置在潮湿或强腐蚀性的地点。当必须设置时，应有相应的保护措施。灭火器设置在室外时，也应有相应的保护措施。

5. 灭火器不得设置在超出其使用温度范围的地点。

6. 一个计算单元内配置的灭火器数量不得少于 2 具。每个设置点的灭火器数量不宜多于 5 具。

7. 当住宅楼每层的公共部位建筑面积超过 $100m^2$ 时，应配置 1 具 1A 的手提式灭火器；每增加 $100m^2$ 时，增配 1 具 1A 的手提式灭火器。

（六）灭火器的报废

当灭火器出厂时间达到或超过表 1-2 规定的报废期限时应报废。不到报废年限但有下列情况的也应及时报废。

1. 下列类型的灭火器应报废：

（1）酸碱型灭火器；

表 1-2 灭火器的报废期限

<table>
<tr><th colspan="2">灭火器类型</th><th>报废期限</th></tr>
<tr><td rowspan="2">水基型灭火器</td><td>手提式水基型灭火器</td><td rowspan="2">6 年</td></tr>
<tr><td>推车式水基型灭火器</td></tr>
<tr><td rowspan="4">干粉灭火器</td><td>手提式(储压式)干粉灭火器</td><td rowspan="6">10 年</td></tr>
<tr><td>手提式(储气瓶式)干粉灭火器</td></tr>
<tr><td>推车式(储压式)干粉灭火器</td></tr>
<tr><td>推车式(储气瓶式)干粉灭火器</td></tr>
<tr><td rowspan="2">洁净气体灭火器</td><td>手提式洁净气体灭火器</td></tr>
<tr><td>推车式洁净气体灭火器</td></tr>
<tr><td rowspan="2">二氧化碳灭火器</td><td>手提式二氧化碳灭火器</td><td rowspan="2">12 年</td></tr>
<tr><td>推车式二氧化碳灭火器</td></tr>
</table>

(2) 化学泡沫型灭火器；

(3) 倒置使用型灭火器；

(4) 氯溴甲烷、四氯化碳灭火器；

(5) 国家政策明令淘汰的其他类型灭火器。

2. 有下列情况之一的灭火器应报废：

(1) 筒体严重锈蚀，锈蚀面积大于、等于筒体总面积的 1/3，表面有凹坑的；

(2) 筒体明显变形，机械损伤严重的；

(3) 器头存在裂纹、无泄压机构的；

(4) 筒体为平底等结构不合理的；

(5) 没有间歇喷射机构的手提式灭火器；

(6) 没有生产厂名称和出厂年月，包括铭牌脱落，或虽有铭牌，但已看不清生产厂名称，或出厂年月钢印无法识别的；

(7) 筒体有锡焊、铜焊或补缀等修补痕迹的；

(8) 被火烧过；不符合消防产品市场准入制度的。

（七）灭火器的送修

存在机械损伤、明显锈蚀、灭火剂泄漏、被开启使用过或符合其他维修条件的灭火器应及时进行维修。灭火器的维修期限应符合表 1-3 的要求。

表 1-3　灭火器的维修期限

灭火器类型		维修期限
水基型灭火器	手提式水基型灭火器	出厂期满 3 年；首次维修以后每满 1 年
	推车式水基型灭火器	
干粉灭火器	手提式（储压式）干粉灭火器	出厂期满 5 年；首次维修以后每满 2 年
	手提式（储气瓶式）干粉灭火器	
	推车式（储压式）干粉灭火器	
	推车式（储气瓶式）干粉灭火器	
洁净气体灭火器	手提式洁净气体灭火器	
	推车式洁净气体灭火器	
二氧化碳灭火器	手提式二氧化碳灭火器	
	推车式二氧化碳灭火器	

第四节　灭火救援设施

灭火救援设施，主要是指消防车道、救援场地和入口、消防电梯以及直升机停机坪等。

一、消防车道

消防车道是供消防车灭火时通行的道路。设置消防车道的目的在于一旦发生火灾，能够确保消防车畅通无阻，迅速到达火场，为及时扑灭火灾创造条件。

（一）应设置消防车道的场所

1. 工厂、仓库区内应设置消防车道。高层厂房，占地面积大于 3000m^2 的甲、乙、丙类厂房和占地面积大于 1500m^2 的乙、丙类仓库，应设置环形消防车道，确有困难时，应沿建筑物的两个长边设置消防车道。

2. 高层民用建筑，超过 3000 个座位的体育馆，超过 2000 个座位的会堂，占地面积大于 3000m^2 的商店建筑、展览建筑等单、多层公共建筑应设置环形消防车道，确有困难时，可沿建筑的两个长边设置消防车道；对于住宅建筑和山坡地或河道边临空建造的高层建筑，可沿建筑的一个长边设置消防车道，但该长边所在建筑立面应为消防车登高操作面。

3. 有封闭内院或天井的建筑物，当内院或天井的短边长度大于 24m 时，宜设置进入内院或天井的消防车道；当该建筑物沿街时，应设置连通街道和内院的人行通道（可利用楼梯间），其间距不宜大于 80m。

4. 街区内的道路应考虑消防车的通行，道路中心线间的距离不宜大于 160m。当建筑物沿街道部分的长度大于 150m 或总长度大于 220m 时，应设置穿过建筑物的消防车道。确有困难时，应设置环形消防车道。

5. 可燃材料露天堆场区，液化石油气储罐区，甲、乙、丙类液体储罐区和可燃气体储罐区，应设置消防车道。储量大于表 1-4 规定的堆场、储罐区，宜设置环形消防车道。

表 1-4　堆场或储罐区的储量

名称	棉、麻、毛、化纤(t)	秸秆、芦苇(t)	木材(m^3)	甲、乙、丙类液体储罐(m^3)	液化石油气储罐(m^3)	可燃气体储罐(m^3)
储量	1000	5000	5000	1500	500	30000

6. 占地面积大于 30000m^2 的可燃材料堆场，应设置与环形消防车道相通的中间消防车道，消防车道的间距不宜大于 150m。液化石油气储罐区，甲、乙、丙类液体储罐区和可燃气体储罐区内的环形消防车道之间宜设置连通的消防车道。消防车道的边缘距离可燃材料堆垛不应小于 5m。

7. 供消防车取水的天然水源和消防水池应设置消防车道。消防车道的边缘距离取水点不宜大于 2m。

（二）消防车道的设置要求

1. 为保证消防车道满足消防车通行和扑救建筑火灾的需要，消防车道应符合下列基本要求：

（1）车道的净宽度和净空高度均不应小于 4m；

（2）转弯半径应满足消防车转弯的要求；

（3）消防车道与建筑之间不应设置妨碍消防车操作的树木、架空管线等障碍物；

（4）消防车道靠建筑外墙一侧的边缘距离建筑外墙不宜小于 5m；

（5）消防车道的坡度不宜大于 8%。

2. 环形消防车道至少应有两处与其他车道连通。尽头式消防车道应设置回车道或回车场，回车场的面积不应小于 12m×12m；对于高层建筑，不宜小于 15m×15m；供大型消防车使用时，不宜小于 18m×18m。

3. 消防车道的路面以及消防车道下面的管道和暗沟等，应能承受重型消防车的压力。

4. 消防车道可利用城乡、厂区等的道路，但该道路应满足消防车通行的净高度、净宽度、地面承载力、转弯半径和停靠的要求，并保证畅通。

5. 消防车道不宜与铁路正线平交，确需平交时，应设置备用车道，且两车道的间距不应小于一列火车的长度。

二、救援场地和入口

救援场地和入口是建筑物发生火灾时，消防救援人员展开有效灭火救援行动以及救助被困人员时的重要设施，主要包括消防车登高操作场地、专用入口和灭火救援窗等。

（一）消防车登高操作场地

消防车登高操作场地，是指在高层建筑的消防登高面一侧地面，设置消防车道和供消防车停靠并进行灭火救援的作业场地。

消防车登高操作场地的设置，应符合下列要求：

1. 高层建筑应至少沿一个长边或周边长度的 1/4 且不小于一个长边长度的底边连续布置消防车登高操作场地，该范围内的裙房进深不应大于 4m；建筑高度不大于 50m 的建筑，连续布置消防车登高操作场地确有困难时，可间隔布置，但间隔距离不宜大于 30m，且消防车登高操作场地的总长度仍应符合上述规定。

2. 消防车登高操作场地与厂房、仓库、民用建筑之间不应设置妨碍消防车操作的树木、架空管线等障碍物和车库出入口。

3. 消防车登高操作场地的长度和宽度分别不应小于 15m 和 8m。对于建筑高度不小于 50m 的建筑，场地的长度和宽度均不应小于 15m。

4. 消防车登高操作场地及其下面的建筑结构、管道和暗沟等，应能承受重型消防车的压力。

5. 消防车登高操作场地应与消防车道连通；场地靠建筑外墙一侧的边缘距离建筑外墙不宜小于 5m，且不应大于 10m；场地的坡度不宜大于 3%。

（二）专用入口

灭火救援时，消防人员一般要通过建筑物直通室外的楼梯间或入口进入着火楼层，并对该层及其上、下楼层进行内攻灭火和搜索救人。因此，为使消防员能尽快安全到达着火层，应在与消防车登高操作场地相对应的建筑物部分设置直通室外的楼梯或直通楼梯间的专用入口。

（三）灭火救援窗

灭火救援窗，是指在建筑物的消防登高面一侧外墙上设置的供消防人员快速进入建筑主体且便于识别的灭火救援窗口。

1. 灭火救援窗的设置场所：厂房、仓库、公共建筑的外墙应在每层的适当位置设置可供消防救援人员进入的灭火救援窗口。

2. 灭火救援窗的设置，应满足以下要求：

(1) 灭火救援窗设置的位置应与消防车登高操作场地相对应，并设置可在室外易于识别的明显标志；

(2) 各窗口的间距不宜大于 20m，且每个防火分区不应少于 2 个；

(3) 窗口的净高度和净宽度分别不应小于 0.8m 和 1m，下沿距室内地面不宜大于 1.2m，窗口的玻璃应易于破碎。

三、消防电梯

消防电梯是高层建筑特有的灭火救援设施。设置消防电梯的目的主要是为火灾情况下消防人员及时登楼和运送消防器材创造条件，为控制火势蔓延和扑救赢得时间。

(一) 消防电梯的设置场所

下列建筑应设置消防电梯：

1. 建筑高度大于 33m 的住宅建筑。

2. 一类高层公共建筑和建筑高度大于 32m 的二类高层公共建筑。

3. 设置消防电梯的建筑的地下或半地下室，埋深大于 10m 且总建筑面积大于 3000m^2 的其他地下或半地下建筑（室）。

4. 建筑高度大于 32m 且设置电梯的高层厂房（仓库）。但符合下列条件的建筑可不设置消防电梯：

(1) 建筑高度大于 32m 且设置电梯，任一层工作平台上的人数不超过 2 人的高层塔；

(2) 局部建筑高度大于 32m，且局部高出部分的每层建筑面积不大于 50m^2 的丁、戊类厂房。

(二) 消防电梯的设置要求

1. 消防电梯的设置应满足下列基本要求：

(1) 应能每层停靠；

(2) 电梯的载重量不应小于 800kg；

(3) 电梯从首层至顶层的运行时间不宜大于 60s；

(4) 电梯的动力与控制电缆、电线、控制面板应采取防水措施；

(5) 在首层的消防电梯入口处应设置供消防队员专用的操作按钮；

(6) 电梯轿厢的内部装修应采用不燃材料；

(7) 电梯轿厢内部应设置专用消防对讲电话。

2. 消防电梯应分别设置在不同防火分区内，且每个防火分区不应少于1台。相邻两个防火分区可共用1台消防电梯；建筑高度大于32m且设置电梯的高层厂房（仓库），每个防火分区内宜设置1台消防电梯。

3. 符合消防电梯要求的客梯或货梯可兼作消防电梯。

4. 除设置在仓库连廊、冷库穿堂或谷物筒仓工作塔内的消防电梯外，消防电梯应设置前室，并应符合下列规定：

（1）前室宜靠外墙设置，并应在首层直通室外或经过长度不大于30m的通道通向室外；

（2）前室的使用面积不应小于6m^2；与防烟楼梯间合用的前室，对于公共建筑、高层厂房（仓库）不应小于10m^2；对于住宅建筑，不应小于6m^2。当住宅建筑采用剪刀楼梯且前室与消防电梯前室合用时，其使用面积不应小于12m^2，且短边不应小于2.4m。

（3）除前室的出入口、前室内设置的正压送风口和住宅建筑的户门采用乙级防火门外，前室内不应开设其他门、窗、洞口。

（4）前室或合用前室的门应采用乙级防火门，不应设置卷帘。

5. 消防电梯井、机房与相邻电梯井、机房之间应设置耐火极限不低于2.00h的防火隔墙，隔墙上的门应采用甲级防火门。

6. 消防电梯的井底应设置排水设施，排水井的容量不应小于2m^3，排水泵的排水量不应小于10L/s。消防电梯间前室的门口宜设置挡水设施。

（三）消防电梯的操作使用方法

1. 消防人员在消防控制室了解到消防电梯所在位置后，首先根据火灾报警控制器显示屏、打印机所显示的报警部位，判断消防电梯前室及电梯井内是否有烟，并向消防控制室值班人员询问消防电梯是否处于完好有效状态。

2. 确认消防电梯处于完好状态后，将消防电梯紧急迫降到首层，组织有关人员携带照明灯具、防护装备、通讯工具等进入消防电梯到达需要救助的楼层，营救被困人员。

四、直升机停机坪

直升机停机坪是超高层建筑特有的消防救援设施，设置直升机停机坪的目的主要是为利用直升机营救超高层建筑中被困于屋顶的避难者创造条件。

（一）直升机停机坪的设置场所

建筑高度大于100m且标准层建筑面积大于2000m^2的公共建筑，宜在屋顶设置直升机停机坪或供直升机救助的设施。

（二）直升机停机坪的设置要求

设置直升机停机坪时，应符合下列要求：

1. 设置在屋顶平台上时，距离设备机房、电梯机房、水箱间或共用天线等突出物不应小于5m；

2. 建筑通向停机坪的出口不应少于2个，每个出口的宽度不宜小于0.9m；

3. 四周应设置航空障碍灯，并应设置应急照明；

4. 在停机坪的适当位置应设置消火栓；

5. 其他要求应符合国家现行航空管理有关标准的规定。

第五节 消防法规

消防法规是国家机关在消防行政管理中调整各种社会关系和规范消防技术领域中人与自然和科学技术关系的各种规范性文件的总称，包括消防法律、行政法规、行政规章和地方性法规以及消防技术标准和规范性文件等。消防法规是社会单位和公民对涉及的消防安全事项应遵守的基本准则。

一、消防法规体系

消防法规体系是由一系列消防法律规范所组成的统一整体。目前，我国已经形成了以《消防法》为根本，地方消防条例加以细化，消防部门规章进行补充和消防规范和标准作为技术支撑的，自上而下且与其他法律密切衔接，具有我国社会主义特色的消防法规体系。

（一）消防法律

法律是全国人民代表大会及其常务委员会根据《宪法》或依职权制定的规范性文件。消防监督检查中所依据的法律主要有：《消防法》《治安管理处罚法》《中华人民共和国安全生产法》《中华人民共和国行政许可法》《中华人民共和国森林法》《中华人民共和国草原法》《中华人民共和国产品质量法》《中华人民共和国建筑法》等。

（二）消防行政法规

行政法规是国家最高行政机关——国务院，根据《宪法》和其他相关法律制定和颁布的有关行政管理方面的专门性法律规范。目前，与消防监督检查有关的行政法规主要有《危险化学品安全管理条例》《森林防火条例》《草原防火条例》《国务院关于特大安全事故行政责任追究的规定》《建筑工程质量管理条例》《娱乐场所管理条例》等。

（三）地方性消防法规

根据《中华人民共和国立法法》的规定，省、自治区、直辖市的人民代表大会及其常务委员会根据本行政区的具体情况和实际需要，在不同宪法、法律、行政法规相抵触的前提下，可以制定地方性法规；较大的城市（省、自治区所在地的市，经济特区所在地的市和经国务院批准的较大城市）的人民代表大会及其常务委员会根据本市的具体情况和实际需要，在不同宪法、法律、行政法规和本省、自治区地方性法规相抵触的前提下，可以制定地方性法规，报省、自治区人民代表大会常务委员会批准后实行。我国颁布《消防法》后，各省、自治区、直辖市和较大的地级市几乎都制定颁布了地方性消防法规，一些较大的城市和经济特区也颁布了城市级的地方性消防法规，这些都可以作为消防监督检查的法律依据，如《北京市消防条例》《河南省消防条例》《苏州市消防条例》等。

（四）消防行政规章

消防行政规章分为国务院部门规章和地方政府规章。

1. 国务院部门规章。国务院部门规章是指国务院部、委和直属机构根据法律和国务院行政法规、决定、命令，按照立法程序在本部门的权限范围内制定的规范性文件的总称。既有公安部单独制定发布的规章，如《公安机关办理行政案件程序规定》《消防监督检查规定》《机关、团体、企业、事业单位消防安全管理规定》《公共娱乐场所消防安全管理规定》等；也有公安部与其他部委联合制定发布的规章，如《社会消防安全教育培训规定》《城市燃气安全管理规定》《集贸市场消防安全管理规定》等；还有其他部委单独制定的有关消防安全的规章，如《运输船舶消防管理规定》《铁路消防管理办法》《内河交通事故调查处理规定》等。

2. 地方政府规章。地方政府规章是由省、自治区、直辖市人民政府和较大城市的人民政府根据法律、行政法规和地方性法规，按照规定的程序制定发布的在本行政区内普遍适用的规范性文件。我国有些省、市制定和发布了一些地方消防行政规章，如《江苏省农村消防管理办法》等。

（五）消防技术标准和规范

消防技术标准和规范是由国务院有关部门、行业主管部门、地方政府有关部门依据《中华人民共和国标准化法》的有关程序单独或联合制定发布的，用以规范消防技术领域中人与自然、科学技术间关系的准则或标准。从严格的立法程序角度来看，规范和标准不属于“法”的范畴，但《消防法》以及其他的一些法律、法规的有关规定赋予了部分消防技术规范和标准一定的法律效力，特别是强制性标准和规范中的强制性条款具有强制约束力。因此，在具有技管结合特点的消防监督检查工作中，消防技术规范与消防行政法律规范具有同等重要的地位，二者的关系是：消防法律、行政法规及规章是对权利和义务的规定，而消防技术标准和规范则是对权利和义务如何履行的技术内容进行规范。

（六）其他规范性文件

在消防监督管理工作中，还会遇到大量既非行政法规，亦非行政规章的规范性文件。它们是各级各类国家行政机关为了实施法律、法规和规章的需要在法定权限内制定的除法规和规章以外具有普遍约束力的决定、命令等行政规范性文件。这类行政规范性文件主要用于规范政府和执法机关本身或执法人员的行为，同时对社会具有一定的规范和引导作用，如山东省公安厅发布的鲁公通〔2009〕259号文件《山东省公安派出所消防监督检查规定》。消防行政规范性文件在消防监督管理中起着积极作用，特别是对法律、法规或规章规定得“弹性过大”的情况，可以通过规范性文件对行政主体的行政行为进行具体约束和细化，起到指导消防监督检查实践的作用。

二、常用消防法规

（一）中华人民共和国消防法

《消防法》，1998年4月29日第九届全国人民代表大会常务委员会第二次会议通过，1998年9月1日施行，2008年10月28日第十一届全国人民代表大会常务委员会第五次会议通过修订，2009年5月1日施行。《消防法》的颁布实施和修订是我国社会主义法制建设和消防事业发展史上的一件大事，对加强消防法治建设，推进消防事业科学发展，维护公共安全，促进社会和谐，具有重大意义。

《消防法》是我国消防工作的专门性法律，是消防监督管理的基本法律依据，当然也是实施消防监督检查的主要法律依据之一。《消防法》共7章74条，分为总则、火灾预防、消防组织、灭火救援、监督检查、法律责任和附则，对消防工作的各个方面都作了全面、明确的规定。《消防法》第一章指出，立法宗旨是“为了预防火灾和减少火灾危害，加强应急救援工作，保护人身、财产安全，维护公共安全”；明确了“预防为主、防消结合”的消防工作方针；确立了“政府统一领导、部门依法监管、单位全面负责、公民积极参与”的工作原则和“建立健全社会化的消防工作网络”的发展方向。《消防法》第二至六章明确了各级政府、政府有关部门、公安机关消防机构及公安派出所、社会各单位、消防技术服务机构及公民个人的消防安全职责和其他消防义务；特别详尽地规定了建设工程消防监督管理、消防监督检查、消防产品监督管理、多种形式灭火救援组织建设及职能等相关内容；《消防法》第七章“法律责任”，共有 14 条，对违反法定义务的法律责任和不履行法定职责应追究的法律责任作出了全面规定。

修订后的《消防法》，专门增加了“监督检查”一章，着力规范和约束政府及政府各部门，特别是公安机关及其消防机构的消防监督权力的行使，强化了对其依法履行职责的监督。具体内容涉及以下方面：一是规定了政府对有关部门的监督检查职责；二是规定了政府部门对本系统内的消防安全检查职责；三是规定了公安机关消防机构和公安派出所的消防监督检查职责；四是规定了公安机关消防机构在消防监督检查中发现火灾隐患的处理方式；五是对公安消防执法人员和派出所执法人员提出了执法要求；六是规定了社会公众对消防行政执法的监督权利。

（二）中华人民共和国治安管理处罚法

《治安管理处罚法》2005 年 8 月 25 日经第十届全国人民代表大会常务委员会第十七次会议通过，自 2006 年 3 月 1 日起施行。《治安管理处罚法》的立法目的是：维护社会治安秩序，保障公共安全，保护公民、法人和其他组织的合法权益，规范和保障公安机关及其人民警察依法履行治安管理职责。《治安管理处罚法》也是在消防监督检查时，对违法违章行为进行查处的主要法律依据之一。

《治安管理处罚法》明确了适用范围、实施治安管理处罚的主体和原则；规定了治安处罚的种类和适应规则；详尽列举了违反治安管理的行为，如扰乱公共秩序的行为、妨害公共安全的行为、侵犯人身权利与财产权利的行为、妨害社会管理的行为以及相应的处罚措施；规范了公安机关实施处罚的程序要求；强调了对公安机关及其人民警察治安行政执法的监督。

在消防监督管理过程中，发现有下列行为之一的，应依照《治安管理处罚法》的规定处罚：

1. 违反有关消防技术标准和管理规定生产、储存、运输、销售、使用、销毁易燃易爆危险品的；
2. 非法携带易燃易爆危险品进入公共场所或者乘坐公共交通工具的；
3. 谎报火警的；
4. 阻碍消防车、消防艇执行任务的；
5. 阻碍公安机关消防机构的工作人员依法执行职务的。

在监督检查过程中适用拘留处罚时，由县级以上公安机关依照《治安管理处罚法》的有关规定决定。

在监督管理过程中需要传唤消防安全违法行为人时，应依照《治安管理处罚法》的有关规定执行。

（三）机关、团体、企业、事业单位消防安全管理规定

2001 年 11 月 14 日，公安部令第 61 号发布了《机关、团体、企业、事业单位消防安全管理规定》，自 2002 年 5 月 1 日起施行。该规定是在消防监督检查过程中，衡量单位是否有效落实消防安全职责的准则。

制定《机关、团体、企业、事业单位消防安全管理规定》的目的，主要是规范社会单位自身的消防安全管理，推行“自我管理、责任自负”的消防社会化工作机制。规定的主要内容如下：单位消防安全责任主体的确定，单位消防管理的主要内容，单位开展防火检查和火灾隐患整改的要求，单位组织消防安全宣传教育和培训的要求，单位制定灭火、应急疏散预案和实施演练的要求以及消防安全重点单位建立消防档案的要求等。

（四）建设工程消防监督管理规定

《建设工程消防监督管理规定》以公安部令第 119 号发布，自 2012 年 11 月 1 日起施行。《建设工程消防监督管理规定》旨在加强建设工程消防监督管理，落实建设工程消防设计、施工质量和安全责任，规范消防监督管理行为。该规定主要规定了如下内容：适用范围；原则；管辖的分工；消防建设、设计、施工、监理等单位的质量责任及违反该义务的法律责任；建设工程消防设计审核、消防验收和备案抽查制度；消防设计审核、消防验收的范围和备案抽查的范围；消防设计审核、消防验收和备案抽查的程序及违反该制度的罚则；执法监督制度等。

（五）消防监督检查规定

《消防监督检查规定》以公安部令第 120 号发布，自 2012 年 11 月 1 日起施行。《消防监督检查规定》旨在于加强和规范消防监督检查工作，督促机关、团体、企业、事业等单位（以下简称单位）履行消防安全职责。主要规定了如下内容：《消防监督检查规定》的适用范围；各级公安机关消防机构、公安派出所在监督检查中的职责分工及上级公安机关消防机构对下级公安机关消防机构以及公安机关消防机构对公安派出所的监督指导职责；消防监督检查的形式、内容、方法及程序；公安派出所日常监督检查的范围、频次、检查内容、程序等；检查中适用临时查封的情形和程序；公安机关消防机构在检查中适用消防行政强制的情形和程序；对消防监督检查的执法监督制度及违纪处理等。

（六）火灾事故调查规定

《火灾事故调查规定》以公安部令第 121 号发布，自 2012 年 11 月 1 日起施行。《火灾事故调查规定》旨在规范火灾事故调查，保障公安机关消防机构依法履行职责，保护火灾当事人的合法权益。该规定主要规定了如下内容：火灾事故调查的任务、原则；火灾事故调查的三级管辖；火灾事故调查的简易程序；火灾原因认定的内容；火灾损失统计；火灾事故调查的处理制度；复核制度；公安机关消防机构与刑侦部门协同调查制度等。

（七）消防产品监督管理规定

《消防产品监督管理规定》以公安部令第 122 号发布，自 2013 年 1 月 1 日起施行。《消防产品监督管理规定》旨在健全消防产品市场准入制度，完善消防产品质量责任体系，加大对假冒伪劣消防产品打击力度，促进消防产品质量提升，维护公共消防安全。该规定主要规定了如下内容：消防产品市场准入制度；消防产品生产者、销售者、使用者、建设工程设计单位、建设工程施工企业、工程监理单位等主体的责任和义务；质量监督部门、工商行政管理部门、公安机关消防机构消防产品监督管理联合执法机制；公安机关消防机构对消防产品的监督检查制度；法律责任等。

（八）公共娱乐场所消防安全管理规定

公安部令第 39 号《公共娱乐场所消防安全管理规定》是 1999 年 5 月 25 日发布实施的。在对公共娱乐场所进行消防监督检查时，应以该规定为准则。

《公共娱乐场所消防安全管理规定》是规范公共娱乐场所消防安全管理的依据。该规定第 2 条明确了公共娱乐场所的范围：影剧院、录像厅、礼堂等演出、放映场所；舞厅、卡拉 OK 厅等歌舞娱乐场所；具有娱乐功能的夜总会、音乐茶座和餐饮场所；游艺、游乐场所；保龄球馆、旱冰场、桑拿浴室等营业性健身、休闲场所。《公共娱乐场所消防安全管理规定》共分 23 条，主要内容包括：规定的适用范围；公共娱乐场所建设单位与经营单位的消防安全责任及职责；公共娱乐场所建筑防火要求，消防设施设置要求，防火安全管理制度等。

（九）社会消防安全教育培训规定

2008 年 12 月 30 日，公安部联合其他八个部委，以公安部令第 109 号发布了《社会消防安全教育培训规定》，自 2009 年 6 月 1 日起施行。在消防监督检查过程中，涉及有关消防安全教育培训事项时，应以该规定为指导。该规定的立法宗旨在于加强社会消防安全教育培训工作，提高公民消防安全素质，有效预防火灾，减少火灾危害，主要规定了如下内容：开展社会消防安全教育培训的主体、内容；管理主体应履行的职责；各单位开展消防安全教育培训的内容及要求；消防安全培训机构的审批、管理、监督指导及成立条件；开展消防安全教育培训奖惩制度等。

（十）公安机关办理行政案件程序规定

2006年8月24日，公安部令第88号发布了《公安机关办理行政案件程序规定》，自发布之日起施行。公安机关在办理消防监督检查案件时，应符合该规定的相关要求。公安部制定《公安机关办理行政案件程序规定》的目的，主要是为了规范公安机关办理行政案件的方法和步骤。主要规定了如下内容：公安机关办理行政案件的基本原则和总体要求；办理行政案件的管辖分工、简易程序、听证程序、调查取证要求，进行行政处罚的适用和决定；处理涉案财物的要求；处理涉外行政案件的要求；进行治安调解的要求；执行行政决定及结案的要求等。

（十一）建筑设计防火规范

《建筑设计防火规范》（GB 50016）是对建筑物进行消防监督检查的主要技术依据之一。该规范共分12章，其主要内容有：总则；术语和符号；建筑物及其设施的防火设计要求，如厂房和仓库，甲、乙、丙类液体、气体储罐（区）与可燃材料堆场，民用建筑，建筑构造，灭火救援设施，消防设施的设置，供暖、通风和空气调节设施，电气，木结构建筑，城市交通隧道等。

该规范适用于下列新建、扩建和改建的建筑：厂房；仓库；民用建筑；甲、乙、丙类液体储罐（区）；可燃、助燃气体储罐（区）；可燃材料堆场；城市交通隧道；不适用于火药、炸药及其制品厂房（仓库）、花炮厂房（仓库）的建筑防火设计。

（十二）建筑灭火器配置设计规范

《建筑灭火器配置设计规范》（GB 50140）是对建筑物中灭火器进行监督检查的主要技术依据之一。该规范共分7章，其主要内容有：总则；术语和符号；灭火器配置场所的火灾种类和危险等级；灭火器的选择；灭火器的设置；灭火器的配置和灭火器配置设计计算。

该规范适用于生产、使用或储存可燃物的新建、改建、扩建的工业与民用建筑工程，不适用于生产或储存炸药、弹药、火工品、花炮的厂房或库房。

（十三）人员密集场所消防安全管理

《人员密集场所消防安全管理》（GA 654）是依据《消防法》等相关法律、法规，在研究分析人员密集场所及其火灾特点的基础上制定的。该标准主要对人员密集场所消防安全职责、消防组织、消防安全制度和管理、消防安全措施、灭火和应急疏散预案编制和演练、火灾事故处置与善后等内容进行了规定。

该标准适用于各类人员密集场所及其所在建筑的消防安全管理。人员密集场所，是指人员聚集的室内场所，如宾馆、饭店等旅馆，餐饮场所，商场、市场、超市等商店，体育场馆，公共展览馆、博物馆的展览厅，金融证券交易场所，公共娱乐场所，医院的门诊楼、病房楼，养老院、托儿所、幼儿园，学校的教学楼、图书馆和集体宿舍，公共图书馆的阅览室，客运车站、码头、民用机场的候车、候船、候机厅（楼），人员密集的生产加工车间、员工集体宿舍等。

（十四）消防产品现场检查判定规则

《消防产品现场检查判定规则》（GA 588）是依据《消防法》《中华人民共和国产品质量法》《认证认可条例》和公安部、国家质检总局有关消防产品监督管理的规定，根据消防产品监督检查工作的需要而组织制定的。该标准明确了检查的定义和检查要求，对适用于现场检查的消防产品，规定了市场准入检查、产品一致性检查和现场产品性能检测的检查项目、技术要求和判定规则等内容，为消防产品现场检查判定提供技术依据。

该标准为中华人民共和国公共安全行业标准，适用于消防产品监督管理部门对销售、储存、运输、安装、维修和在用消防产品的现场检查，是对消防产品质量是否合格进行现场判定的技术依据之一。

（十五）住宿与生产储存经营合用场所的消防安全技术要求

住宿与生产储存经营合用场所，即俗称的“三合一”，是指在厂房、仓库、商场中设置员工宿舍，或是在居住等民用建筑中从事生产、储存、经营等活动。如果该场所中的住宿部分与其他部分未按规定采取必要的防火分隔和设置消防设施，会使这类建筑的消防安全条件与建筑使用性质不相适应，具有较高的火灾危险性。为了贯彻国家消防工作方针和政策，预防和减少火灾，保障人身安全，为火灾隐患的治理提供依据，制定了《住宿与生产储存经营合用场所消防安全技术要求》（GA 703）。该标准规定了住宿与生产、储存、经营合用场所的限定条件，并规定了此类场所的防火分隔措施、疏散设施、消防设施，以及火源控制等消防安全技术要求。

该标准是中华人民共和国公共安全行业标准，适用于住宿与生产、储存、经营合用场所的消防安全管理。

第二章　消防监督检查的内容与程序

消防监督检查是我国消防监督制度的主要组成部分，也是法律、法规赋予公安机关的一项重要消防监督职责。《消防法》第53条赋予了公安派出所开展日常消防监督检查的职责；《消防监督检查规定》明确了公安派出所消防监督检查的范围；各地方公安厅、局也相应制定了公安派出所开展消防监督管理的规定，细化了公安派出所实施消防监督检查的范围、内容和程序要求等。

第一节　消防监督检查概述

消防监督检查是实施消防监督管理的一种具体行政行为，是特定的行政主体根据法律、法规的授权而实施的消防行政执法行为，具有与其他消防安全检查所不同的性质和特征。

一、消防监督检查的含义及特征

（一）消防监督检查的含义

消防监督检查，也称消防行政监督检查，有广义和狭义之分。

广义上的消防监督检查，泛指政府或者有关部门对监督对象遵守消防法律、法规，履行消防安全职责情况进行的监督检查，既包括政府部门对机关、团体、企业、事业等单位遵守消防法律、法规情况的检查，也包括政府对所属各部门，以及上级部门对下级部门履行消防安全职责情况的检查，还包括公安机关消防机构以及公安派出所依法对单位和公民遵守消防法律、法规情况进行的监督检查，并做出能够影响其权益的消防执法行为。

狭义上的消防监督检查，则是指公安机关消防机构以及公安派出所依法对单位和公民遵守消防法律、法规情况进行检查、了解，并做出能够影响其权益的消防行政执法行为。

本章所指的消防监督检查是狭义的消防监督检查。

（二）消防监督检查的特征

1. 消防监督检查的主体是公安机关消防机构及公安派出所。《消防法》第53条规定：“公安机关消防机构应当对机关、团体、企业、事业等单位遵守消防法律、法规的情况依法进行监督检查。公安派出所可以负责日常消防监督检查、开展消防宣传教育，具体办法由国务院公安部门规定。”由此可见，公安机关消防机构及公安派出所是消防监督检查的法定主体。同时，根据我国消防监督检查的分级监督制度，直辖市、市（地区、州、盟）、县（市辖区、县级市、旗）公安机关消防机构对辖区内的单位具体实施消防监督检查；公安派出所作为公安机关的派出机构，对居民住宅区的物业服务企业、居民委员会、村民委员会履行消防安全职责的情况和上级公安机关确定的单位进行消防监督检查。

2. 消防监督检查的对象是辖区内的单位及个人。单位包括机关、团体、企业、事业单位和个人。个人包括自然人、个体工商户、农村个人承包及个人合伙。其中的自然人是指我国境内的所有自然人，既包括我国公民，也包括在我国境内的外国人和无国籍人。同时，由于自然人参与民事法律关系，又形成了自然人的特殊表现形式——个体工商户、农村个人承包以及个人合伙。在消防监督检查中，对各地方消防条例中规定的具有固定场所且达到一定规模的个体工商户等同于《消防法》中的“单位”对待；而规模较小的个体工商户，其经营场所通常是所谓的“小场所”，即规模较小的餐饮、购物、住宿、公共娱乐、休闲健身、医疗、教育、生产加工以及易燃易爆危险品销售、储存等场所，可视为《消防法》中的“个人”。

3. 消防监督检查的内容是检查对象遵守消防法律、法规的情况。《消防法》和《消防监督检查规定》中明确指出，消防监督检查是对单位遵守消防法律、法规情况进行的检查。因此，消防监督检查的内容是检查对象的守法情况，并对确认的违法行为依照法定程序做出处理决定。

4. 消防监督检查行为具有强制性。从性质上讲，消防监督检查是一种行政执法行为，属于国家意志单方面表示，具有强制性。一方面，对社会进行消防监督检查，是《消防法》赋予公安机关消防机构和公安派出所的法定职权，消防监督检查人员无须征得检查对象的同意，即可依据法定职权实施消防监督检查，任何单位都必须自觉接受监督检查，不得拒绝或阻挠；另一方面，对于消防监督检查中所发现的违法行为、火灾隐患，公安机关消防机构或公安派出所必须以法律文书的形式通知检查对象，检查对象必须按法律文书的要求改正违法行为和整改火灾隐患。

二、消防监督检查的作用

消防监督检查在维护社会消防安全方面发挥着非常重要的作用，具体表现为以下几方面：

（一）督促消防监督对象落实消防安全责任

实行防火安全责任制是预防火灾的有效措施，社会各单位是其自身的消防安全责任主体，应依法落实各项消防安全制度和措施。消防监督检查的作用之一就是督促单位和公民遵守《消防法》和《机关、团体、企业、事业单位消防安全管理规定》等国家消防法律、法规，贯彻“预防为主，防消结合”的消防工作方针，履行自身的消防安全职责，落实各项消防安全措施。

（二）纠正违反消防法律、法规的行为

随着我国经济建设的不断发展，人们对消防安全的重视程度普遍提高。然而，由于种种原因也经常会出现违反消防法律、法规的行为和现象，成为火灾事故的诱因。大多数的行为人或单位对这些违法、违规行为并不能自行纠正或不愿自行纠正。但通过专门机关专业人员的消防监督检查，可以及时发现、纠正与处理消防违法行为，使公众免受消防违法行为的侵害，充分保障公民人身和财产安全。

（三）及时发现并消除潜在的火灾隐患

火灾隐患具有隐蔽性，非消防专业人员通常不易发现，但通过专业人员的消防监督检查，则可以及时发现潜在的火灾隐患，提出火灾隐患的整改措施并督促消除危险，营造良好的消防安全环境。

（四）宣传消防法规，普及消防安全常识，提高全社会的消防安全意识

消防监督检查的过程也是宣传消防法律、法规和消防安全知识的过程。开展消防监督检查有助于强化消防宣传教育效果，在检查中不断督促公众树立消防安全意识。

（五）获取社会消防安全基础资料，为消防决策提供依据和指导

专门机关通过监督检查可以准确了解和掌握检查对象的消防安全状况，发现社会整体消防安全存在的共性问题或突出问题，进而为宏观管理与火灾控制指明方向；同时，消防监督检查过程形成的资料可以为国家制定与修订消防法律、法规和技术标准提供基础数据。

三、消防监督检查的管辖分工

我国的消防监督检查实行分级管理与属地管理相结合的制度，即按照我国行政区划和各级公安机关消防机构及公安派出所的职能确定监督检查的职责。根据《消防法》和《消防监督检查规定》的规定，消防监督检查职责的具体分工如下：

（一）公安部消防局

公安部消防局是全国消防工作的业务主管部门，负责对全国消防监督检查工作的监督、检查与业务指导。

（二）省、自治区、直辖市公安机关消防机构

省、自治区、直辖市公安机关消防机构，即消防总队，是所属行政区域内最高级别的消防监督机构。其消防监督检查职能主要有：

1. 组织制定、实施有关消防监督检查的法律、法规和政策；

2. 监督、检查、指导下级公安机关消防机构的消防监督检查工作；

3. 与省级公安机关公安派出所工作主管部门共同研究拟定公安派出所日常消防监督检查的单位范围，并报省级公安机关确定。

（三）城市（直辖市、副省级市、地级市、县级市以及市辖区）、地（州、盟）、县（旗）公安消防机构

城市（直辖市、副省级市、地级市、县级市以及市辖区）、地（州、盟）、县（旗）公安消防机构，即消防支队（局、处）和消防大队（科），是该地区具体实施消防监督检查的机构。其消防监督检查职能主要有：

1. 具体实施辖区内的消防监督检查工作；

2. 受理本行政区域内的消防安全重点单位申报，并在确定后报本级人民政府和上一级公安机关消防机构备案；

3. 监督、检查、指导所属下级公安机关消防机构的消防监督检查工作；

4. 指导辖区公安派出所的消防监督检查工作，定期对公安派出所民警进行消防监督检查业务培训。

（四）公安派出所

公安派出所除接受有关部门的监督、检查、指导外，负责对所管辖范围内的公民、居民委员会、村民委员会、居民住宅区的物业服务企业和上级公安机关确定管理的单位进行日常消防监督检查。

四、公安派出所消防监督检查的范围

《消防监督检查规定》第3条明确规定，公安派出所可以对居民住宅区的物业服务企业、居民委员会、村民委员会履行消防安全职责的情况和上级公安机关确定的单位实施日常消防监督检查。《治安管理处罚法》规定，公安机关对社会治安进行监督管理，公安派出所作为公安机关的派出机构，对公民的消防安全行为进行监督管理属于其监管职责内容之一。由此可见，公安派出所开展消防监督检查的范围主要有：上级公安机关确定由公安派出所进

行消防检查的单位，辖区内的居民住宅区物业服务企业，居（村）民委员会以及辖区内的公民。

（一）上级公安机关确定由派出所开展消防检查的单位

公安派出所日常消防监督检查的单位范围由省级公安机关消防机构、公安派出所工作主管部门共同研究拟定，报省级公安机关确定。上级公安机关确定由派出所开展消防检查的单位通常是派出所辖区内规模较小的机关、团体、企业、事业单位和具有固定经营场所且达到一定规模的个体工商户（以下简称单位）。

依据《消防法》和公安部第61号令规定，单位是组成社会的基本单元，也是维护社会整体消防安全义务的主要承担者。只有社会各个单位切实履行消防安全职责，落实消防安全管理措施，消防工作才会有坚实的社会基础，火灾危害才能够得到有效的控制。一般社会单位的消防安全职责包括以下内容：

1. 开展各项消防安全工作，落实逐级消防安全责任制；
2. 制定本单位的消防安全制度、消防安全操作规程；
3. 按照国家标准、行业标准配置消防设施、器材，设置消防安全标志，并定期组织检验、维修，确保完好有效；
4. 保障疏散通道、安全出口、消防车道畅通，保证防火防烟分区、防火间距符合消防技术标准；
5. 定期组织防火检查，及时消除火灾隐患；
6. 开展经常性消防安全宣传教育并组织员工参加消防安全培训；
7. 制定灭火和应急疏散预案，组织进行有针对性的消防演练。

（二）居（村）民委员会

居民委员会、村民委员会是分别根据《中华人民共和国居民委员会组织法》和《中华人民共和国村民委员会组织法》建立的城镇社区和农村居民自我管理、自我教育、自我服务的基层群众性自治组织。居民委员会接受街道办事处的领导，村民委员会接受乡镇人民政府的领导，负有协助政府和有关部门开展相关工作的职责，成为政府与居民之间的桥梁。消防安全管理是居（村）民委员会的一项重要工作内容，通过成立由居（村）民委员会主任、公安派出所辖区民警、居民小组长组成的防火安全工作领导小组具体负责指导、协调和部署村庄和社区消防安全工作，同时确定消防安全管理人具体负责实施消防安全管理工作。其主要消防安全职责包括以下内容：

1. 宣传消防法律、法规，普及消防知识，发动公众自觉维护消防安全；

2. 组织制定《防火安全公约》，督促居民遵守；

3. 组织建立志愿消防队，组织灭火演练，扑救初起火灾，保护火灾现场，协助调查火灾原因；

4. 定期对辖区内的单位和居民住宅区的用火用电、疏散通道、防火间距、消防设施器材等进行消防安全检查，督促和协助辖区单位、居民住户开展消防安全自检自查，及时发现和消除火灾隐患。

（三）居民住宅区的物业服务企业

物业服务企业是受业主委员会聘请，专业从事社区物业管理的单位。物业管理单位一般成立消防安全小组，由物业服务企业法人和社区内部分单位的消防安全责任人等组成，并设专（兼）职消防安全管理人员具体负责实施消防安全管理工作。《消防法》第 18 条第 2 款明确规定："住宅区的物业服务企业应当对管理区域内的共用消防设施进行维护管理，提供消防安全防范服务。"住宅区的物业服务企业的消防安全职责主要包括以下内容：

1. 制定消防安全制度，落实消防安全责任，开展消防安全宣传教育；

2. 开展防火安全检查，消除火灾隐患；

3. 保障疏散通道、安全出口、消防车道畅通；

4. 保障公共消防设施、器材以及消防安全标志完好有效。

（四）公民

公民是享受消防安全保障的受益者，也是维护消防安全的践行者，《消防法》明确规定公民应履行如下消防安全义务：

1. 维护消防安全的义务。《消防法》第 5 条规定，任何单位、个人都有维护消防安全、保护消防设施、预防火灾、报告火警的义务。

2. 保护消防设施，保障消防车道、疏散通道、安全出口畅通的义务。《消防法》第 28 条规定，任何单位、个人不得损坏、挪用或者擅自拆除、停用消防设施、器材，不得埋压、圈占、遮挡消火栓或者占用防火间距，不得占用、堵塞、封闭疏散通道、安全出口、消防车道。人员密集场所的门窗不得设置影响逃生和灭火救援的障碍物。

3. 及时报告火警，无偿为报警提供便利的义务。《消防法》第 44 条规定，任何人发现火灾都应当立即报警。任何单位、个人都应当无偿为报警提供便利，不得阻拦报警。严禁谎报火警。

4. 参加有组织的灭火工作的义务。《消防法》第 5 条规定，任何单位和成年人都有参加有组织的灭火工作的义务。由于灭火工作具有很大的危险性，而未成年人心智尚未发育完全，不适宜参加灭火，因此，参加有组织的灭火工作是成年人应尽的一项法律义务；但成年人中的孕妇、老年人、病人和有较严重身体缺陷的残疾人，也不宜参加灭火行动。

5. 协助消防行政执法的义务。配合消防行政执法主体执行公务，是公民的法律义务。例如，配合消防行政执法主体调查取证的义务，配合消防监督检查人员行使监督检查的义务，对消防车、消防艇执行任务行使交通特别行驶权时的让行义务等。对上述义务，《消防法》均作出了明确规定，如对于配合灭火救援的义务，《消防法》第47条规定，消防车、消防艇前往执行火灾扑救或者应急救援任务，在确保安全的前提下，不受行驶速度、行驶路线、行驶方向和指挥信号的限制，其他车辆、船舶以及行人应当让行，不得穿插超越；收费公路、桥梁免收车辆通行费；交通管理指挥人员应当保证消防车、消防艇迅速通行。此外，《行政处罚法》也作了相关规定，行政机关在调查或进行检查时，当事人或者有关人应当如实回答询问，并协助调查或者检查，不得阻挠。

6. 特殊岗位人员的消防安全责任。与公共消防安全密切相关岗位的从业人员除遵守以上消防安全义务外，还应履行特殊的安全职责。例如，《消防法》第44条规定，人员密集场所发生火灾，该场所的现场工作人员应当立即组织、引导在场人员疏散。从事消防行业特有工种的人员及从事具有火灾危险作业的人员，如社会各单位的消防安全责任人，消防安全管理人，专、兼职消防管理人员，消防控制室的值班、操作人员，消防安全巡查人员，专职消防队和志愿消防队的队员等，都有参加消防安全专门培训的义务，按法律要求持证上岗并认真履行岗位职责，按照安全操作规程开展工作。例如，《消防法》第21条规定，进行电焊、气焊等具有火灾危险作业的人员和自动消防系统的操作人员，必须持证上岗，并遵守消防安全操作规程。

五、公安派出所消防监督检查的形式

消防监督检查的形式是公安机关消防机构、公安派出所实施消防监督检查的各种方式，包括对单位进行日常消防监督抽查，对公众聚集场所在使用或者开业前进行消防安全检查，对大型群众性活动举办前进行消防安全检查，对举报、投诉的消防安全违法行为进行核查，以及根据需要进行的其他消防监督检查等。目前，根据《消防监督检查规定》和实践需要，公安派出所只开展以下三种形式的消防监督检查：

（一）日常消防监督检查

公安派出所可以根据本地区火灾的规律和特点以及当地消防安全的需要，组织对管辖单位和社区的日常消防监督检查。进行消防监督检查可以专门组

织，也可以结合治安检查等其他公安工作一并进行。进行日常监督检查，目的是督促社会各单位遵守消防法律、法规，落实消防安全职责和消防安全措施，及时发现并消除潜在的火灾隐患以及纠正违反消防法律、法规的行为；同时，通过检查掌握社会整体的消防安全状况，从实践角度为宏观管理政策的制定提供指导。

（二）对举报、投诉的消防安全违法行为的核查

投诉、举报是人们向相关部门反映发现的消防违法行为的一种方式。因此，受理并对举报、投诉的消防安全违法行为进行实地核查是公安派出所进行消防检查的又一主要方式。《消防监督检查规定》对举报、投诉的处理程序做了相应的规定，重点强调了及时处理与事后反馈环节，即要求及时受理、核查或移交，及时将处理情况告知举报、投诉人。及时受理举报、投诉的消防安全违法行为并进行消防核查的目的在于及时纠正与处理属实的消防违法行为，使公众免受消防违法行为的侵害，充分保障公民人身和财产安全，保护违法行为侵害对象的合法权益；同时，鼓励积极举报、投诉的行为，有助于维护广大公众关心消防安全的积极性，推进消防社会化工作。

（三）根据需要进行的其他消防监督检查

根据需要进行的其他消防监督检查，主要是指根据火灾特点和安全工作的需要，进行其他形式的消防监督检查，如消防安全专项治理活动中的专项检查，针对火灾多发季节的综合性检查，以及根据政府的部署或配合其他职能部门所进行的安全检查。检查的目的是满足消防安全形势需要，有针对性地解决消防工作中发现的严重问题。例如，重大节假日前、火灾多发季节前进行消防监督检查的目的就是通过检查，督促监管对象树立消防安全意识，发现和消除所存在的火灾隐患，以保证本地区一定时段的安全环境。

总之，每种消防监督检查形式的侧重点都各有不同，检查要实现的主要目的也有所区别，但消防监督检查的最终目的都是督促单位、社区贯彻“预防为主，防消结合”的工作方针，发现和消除火灾隐患，做到防患于未然，避免或减少火灾的发生，有效地控制火灾危害。

第二节　消防监督检查的内容

消防监督检查是对检查对象履行法定消防职责和义务的情况进行检查，检

查内容因检查对象的不同而有所区别。

一、对管辖单位进行消防监督检查的内容

公安派出所对管辖的单位应当每年至少进行一次日常消防监督检查。检查内容包括以下五个方面：

（一）建筑物或者场所的消防合法性

1. 建筑物的消防合法性。依据《消防法》和《建设工程消防监督管理规定》，除住宅室内装修、村民自建住宅、救灾和其他非人员密集场所的临时性建设工程外，其他新建、扩建、改建（含室内外装修、用途变更）等建设工程都应经过消防设计审核、工程竣工消防验收或向公安机关消防机构申报建设工程消防设计和竣工验收的备案、抽查，从而保证建设工程符合消防技术规范强制性要求，防止出现建筑物的先天性火灾隐患。

2. 公众聚集场所的消防合法性。依据《消防法》和《消防监督检查规定》，包括宾馆、饭店、商场、集贸市场、客运车站候车室、客运码头候船厅、民用机场航站楼、体育场馆、会堂以及公共娱乐场所等在内的公众聚集场所在投入使用、营业前，建设单位或者使用单位应当向场所所在地的县级以上地方人民政府公安机关消防机构申请消防安全检查，取得《公众聚集场所投入使用、营业前消防安全检查合格证》才能投入使用、营业，目的是通过严格的事前消防检查和管理，保证公众聚集场所具备一定的消防安全条件，减少群死群伤火灾事故的发生。

3. 消防合法性的检查内容。公安派出所消防监督检查人员可以通过查看公安机关消防机构出具的法律文书《建设工程消防验收意见书》（式样 2-1）、《公众聚集场所投入使用、营业前消防安全检查合格证》（式样 2-2）或通过公安消防综合业务系统查询以及实地查看等方式，核查以下内容：

（1）单位的建筑物或者场所是否依法通过消防验收或者进行消防竣工验收备案；

（2）依法通过消防验收或者进行消防竣工验收备案的建筑物或者场所的使用情况是否与消防验收或者进行消防竣工验收备案时确定的使用性质相符；

（3）公众聚集场所还应检查该场所是否具有公安机关消防机构出具的《公众聚集场所投入使用、营业前消防安全检查合格证》，以及建筑内部装修在使用、开业后有无改变等。

【式样 2-1】

（此处印制公安机关消防机构名称）

建设工程消防验收意见书

×公消验字〔　〕第　号

______________：

正文载明下列内容：

1. 建设工程的名称（受理凭证文号）、地址、使用性质、建设规模；

2. 建设工程消防验收是否合格的结论性意见；

3. 建设工程存在的具体问题及法规、标准依据（具体到条、款、项）；

4. 验收意见为不合格的，告知法律救济途径；

5. 验收意见为合格的，告知如扩建、改建（含室内外装修、建筑保温、用途变更），应依法申报消防设计审核或备案；属于公众聚集场所的，投入使用、营业前应依法申请消防安全检查。

（公安机关消防机构印章）

建设单位签收：　　　　　　年　　月　　日

一式两份，一份交建设单位，一份存档。

【式样 2-2】

（正面）

公众聚集场所投入使用、营业前消防安全检查合格证

×公消安检许字〔 〕第 号

场所名称： 消防安全责任人：

地 址： 使用性质：

场所所在建筑名称： 建筑层数：

使用面积： 场所使用情况：

现有消防设施：

发证机关：（公安机关消防机构印章）

年 月 日

（背面）

你单位在使用、营业中应当遵守《中华人民共和国消防法》及其他有关消防法规、规章的规定，保证消防安全。

（二）消防安全管理情况

依据《消防法》《机关、团体、企业、事业单位消防安全管理规定》以及《社会单位消防安全教育培训规定》等的有关规定，单位的消防安全管理主要职责包括：制定消防安全制度，开展员工消防安全教育培训，组织防火检查、消除火灾隐患，制定灭火和应急疏散预案并组织演练等。

1. 消防安全制度。单位应依据消防法规，结合单位工作实际制定消防安全责任制度、消防安全管理制度以及消防安全操作规程等一系列消防安全规章制度。消防监督检查人员应对制度的制定和执行情况进行如下检查：

（1）是否确定法人单位的法定代表人或者非法人单位的主要负责人作为单位的消防安全责任人，并对本单位的消防安全工作全面负责；

（2）是否确定各级、各岗位的消防安全责任人；

（3）是否建立消防安全责任制，并明确各部门及岗位的消防安全职责和逐级落实消防安全的责任制度；

（4）是否制定包含消防安全教育、防火检查巡查、安全疏散设施管理、消防（控制室）值班、消防设施器材维护管理、火灾隐患整改、用火用电安全管理、易燃易爆危险品和场所防火防爆、专职和志愿消防队的组织管理、灭火和应急疏散预案演练、燃气和电气设备的检查和管理以及消防安全工作考评和奖惩等内容的消防安全管理制度；

（5）日常消防安全管理制度是否落实；

（6）是否结合单位实际的火灾危险性制定生产、经营、储运、科研等过程中保障消防安全的操作规程；

（7）单位员工是否遵守岗位的消防安全操作规程。

2. 消防安全教育与培训。单位应当通过多种形式开展经常性的消防安全宣传教育，组织新上岗和进入新岗位的员工参加上岗前的消防安全培训。消防监督检查人员主要检查消防安全教育制度以及落实和执行情况，通常包括如下内容：

（1）是否对员工开展经常性的消防安全宣传教育，是否至少每年组织一次火灾应急疏散演练；

（2）是否组织新上岗和进入新岗位的员工进行上岗前的消防安全培训，公众聚集场所是否至少每半年对员工进行一次消防安全培训；

（3）消防控制设备操作人员是否经过消防安全专门培训，并持证上岗；

（4）消防安全教育内容的针对性、实用性如何；

（5）员工是否知道本单位（场所）的火灾危险性，是否会报火警，是否会扑救初起火灾，以及是否会火场逃生自救和组织人员疏散；

（6）值班员或专（兼）职消防员是否能及时准确处置火警。

3. 防火检查与火灾隐患整改。防火检查是单位自行组织的对本单位消防安全状况的检查，目的是及时发现和整改火灾隐患，这是单位在消防安全方面进行自我管理、自我约束的一种主要形式。消防监督检查人员可以通过单位的防火检查记录、了解以下情况：

（1）机关、团体、事业单位是否至少每季度进行一次防火检查，企业单位是否至少每月进行一次防火检查，并填写检查记录；

（2）公众聚集场所在营业期间至少应每两小时进行一次防火巡查，医院、养老院以及寄宿制的学校、托儿所、幼儿园是否进行夜间防火巡查，并填写巡查记录；

（3）对发现的违反消防安全规定的行为以及火灾隐患是否及时纠正、消除，或制定整改方案并落实防护措施。

4. 灭火和应急疏散预案制定与演练。灭火和疏散预案是单位为了落实“防消结合”原则，应对突发的火灾事故，而预先假定火情，制定的组织灭火和疏散遇险人员、物资的行动方案，以确保火灾时能够临危不乱、有序展开灭火和疏散。所以，各单位应结合自身的火灾特点，制定切实可行的灭火、疏散预案，并定期进行演练，以不断修订和充实完善。消防监督检查人员应重点检查以下内容：

（1）灭火和应急疏散预案是否制定并可行；

（2）人员密集场所的灭火和应急疏散预案中是否确定承担灭火和组织疏散任务的人员；

（3）是否至少每年组织全体员工按照预案进行实际的操作演练。

（三）建筑防火措施

建筑防火措施主要包括：提高建筑耐火等级、控制火灾荷载、利用防火分隔限定防火（烟）分区、预留防火间距以及设置灭火救援和安全疏散设施等。公安派出所消防监督检查人员应重点检查疏散通道、安全出口、疏散指示标志、消防应急照明、防火门、防火卷帘以及消防车道等建筑防火措施。

1. 疏散通道，主要检查以下内容：

（1）疏散楼梯和疏散门的数量、宽度以及疏散距离是否符合规范要求；

（2）疏散通道是否畅通，是否被占用，是否有堆放杂物或安装栅栏等影响疏散的障碍物。

（3）疏散通道是否采用可燃材料装修，两侧有无误导人员安全疏散的反光镜、玻璃等装修材料。

2. 安全出口，主要检查以下内容：

（1）安全出口设置的数量、宽度和距离是否符合规范要求；

（2）安全出口门的设置形式是否为平开门，是否向疏散方向开启；

（3）安全出口是否畅通，有无锁闭、堵塞或封堵；

（4）安全出口处是否设置踏步、台阶、门槛等影响疏散的障碍物；

（5）平时需要控制人员随意出入的疏散门不用任何工具能否从内部开启，并有明显标识和使用提示。

3. 疏散指示标志，主要检查以下内容：

（1）疏散走道、安全出口、疏散门和大空间室内走道等部位是否设置疏散指示标志；

（2）安装位置是否符合规范要求，指向是否正确，有无遮挡和覆盖；

（3）安装距离是否符合规范要求，能否形成视觉连续性；

（4）疏散指示标志产品是否为合格消防产品，有无破损；

（5）按下测试按钮或切断正常供电电源，灯光疏散指示标志是否启动。

4. 消防应急照明灯，主要检查以下内容：

（1）封闭楼梯间、防烟楼梯间及其前室、消防电梯前室、消防控制室、自动发电机房、消防水泵房和疏散走道等部位是否设置消防应急照明灯；

（2）安装位置是否为墙面或顶棚处；

（3）消防应急照明灯是否是合格消防产品，有无破损；

（4）消防应急照明灯有无非燃烧材料或玻璃作保护罩；

（5）按下测试按钮或切断正常供电电源，应急照明灯是否提供照明；

（6）独立型（自带蓄电池）应急照明灯连续供电时长是否符合规范要求。

5. 防火门，主要检查以下内容：

（1）防火门耐火极限是否符合适用场所的要求；

（2）疏散用的防火门是否向疏散方向开启，关闭后能否从任何一侧手动开启；

（3）防火门外观及组件是否完好，有无破损；

（4）用于疏散走道、楼梯间和前室的防火门，能否自行关闭，双扇防火门是否能够顺序关闭；

（5）常闭式防火门是否处于常闭状态，是否张贴“常闭”提示性标语；

（6）常开式防火门是否能够实现联动，启闭状态在消防控制室能否正确显示。

6. 防火卷帘，主要检查以下内容：

（1）防火卷帘级别是否符合适用场所的要求；

（2）防火卷帘是否完整，与其他建筑构件连接处是否密封严实；

（3）防火卷帘能否通过自动、手动、联动的方式顺畅启闭；

（4）防火卷下方是否堆放杂物。

7. 消防车道，主要检查以下内容：

（1）消防车道设置情况，包括数量、形式、宽度、高度、回车场地等；

（2）是否有明显标识，是否被占用和堵塞。

（四）消防设施的配置与使用情况

单位应按照国家标准、行业标准配置消防设施、器材。消防设施、器材能否在火灾中发挥扑灭初起火灾、控制火灾蔓延以及保护人员疏散等作用，关键在于日常的检查和维修保养，保证其完好有效。因此，单位应当按照建筑消防设施检查维修保养有关规定的要求，定期组织对消防设施、器材和标志完好有效情况进行检查和维修保养，确保其完好有效。公安派出所消防监督检查人员重点检查灭火器和消火栓设置是否符合规范要求，配件是否齐全，使用功能是否完好有效，以及其他消防设施是否定期进行检测和维护。

1. 室内消火栓，主要检查以下内容：

（1）消火栓箱是否有明显标识，有无遮挡；

（2）消火栓箱内组件，包括水枪、水带、阀门及远程启动水泵按钮等是否齐全；

(3) 箱门是否开关灵活，开度是否符合要求；

(4) 消火栓的阀门是否启闭灵活，栓口位置是否便于连接水带；

(5) 消防管道内是否有水，压力是否符合技术要求；

(6) 将消防控制室联动控制设备设置在自动位置，按下消火栓箱内的启泵按钮，消火栓泵能否启动，控制设备能否正确显示启泵信号，水枪出水是否正常。

2. 室外消火栓，主要检查以下内容：

(1) 室外消火栓的阀门开启是否灵活，是否有水；

(2) 地下式消火栓是否有明显标识，井内有无积水；

(3) 寒冷地区是否采用防冻措施。

3. 灭火器，主要检查以下内容：

(1) 应设置灭火器的场所是否配置了灭火器；

(2) 灭火器选型是否正确；

(3) 灭火器设置数量和位置是否符合规范要求，是否明显和便于取用；

(4) 灭火器是否为合格消防产品；

(5) 灭火器组件是否齐全、外观是否有破损；

(6) 灭火器维修保养周期和使用年限是否在有效期内；

(7) 储压式灭火器压力是否符合要求，压力表指针是否在绿区。

4. 其他消防设施。对其他消防设施应重点检查以下内容：

(1) 通过查阅建筑消防设施检测报告，确定建筑消防设施是否至少每年进行一次全面检测并合格；

(2) 各消防设施的组件、设备的永久性铭牌和按规定设置的标识，其文字和数据是否齐全、符号是否清晰、色标是否正确；

(3) 系统组件、设备、管道、线槽、支吊架等是否完好无损、无锈蚀，设备、管道有无泄漏现象；

(4) 灭火剂是否在有效期内。

(五) 其他检查内容

消防监督检查人员可根据单位情况，确定其他应重点检查的内容。

1. 火源情况。火源是消防管理的重点，应检查如下内容：

(1) 单位是否建立动火审批制度，并严格落实；

(2) 动火过程中，动火施工人员是否遵守消防安全规定，并落实相应的消防安全防护措施，如将施工区和使用区进行防火分隔，清除动火区域的易燃、可燃物，配置消防器材，专人监护，保证施工及使用范围的消防安全；

(3) 公共娱乐场所在营业期间是否存在违禁动火作业情况；

（4）是否制定并落实火炉取暖场所和吸烟场所的防火要求和措施；

（5）是否在具有火灾、爆炸危险的场所使用明火和吸烟。

2. 电气设备。电气火灾是起火火灾原因中最主要的原因之一，电气设备也是消防监督检查的重点内容之一。对其进行检查的主要内容有：

（1）敷设电气线路、安装和维修电气设备，是否由专业电工操作，是否符合安全技术要求；

（2）电器设备运行是否正常，有无超负荷运行，电线、电缆的绝缘有无老化、受潮、漏电、短路；

（3）能够产生静电而引起火灾、爆炸事故的设备，是否安装了消除静电的装置和采取消除静电的措施；

（4）遭到雷击容易引起火灾、爆炸的场所，是否安装了避雷装置；

（5）爆炸危险场所是否遵照国家的有关规定安装相应的防爆电气设备；

（6）电气线路和电加热设备是否有专人负责监管和定期检查，离开时是否切断电源等。

3. 易燃易爆危险物品。易燃易爆危险物品火灾危险性大，一旦发生事故后果严重，因此是单位防火检查的重点内容之一。对其应重点检查以下内容：

（1）生产、储存、经营易燃易爆危险品的场所是否与居住场所设置在同一建筑物内；

（2）储存容器、管道有无定期测试，有无跑、冒、滴、漏现象；

（3）室内可燃气体、可燃液体管道是否按规定采用金属管道，并设有紧急事故切断阀；

（4）是否指定专人负责保管易燃易爆危险物品，是否制定易燃易爆危险物品的收发登记制度，对携带易燃易爆危险物品的人员是否把关等；

（5）各类易燃易爆危险物品的防火和灭火措施是否制定并落实；

（6）各类易燃易爆场所是否有烟头或遗留火种；

（7）危险场所动火是否按规定办理相关手续，焊工操作时是否达到动火安全制度要求；

（8）使用多种可燃、易燃油类是否符合安全操作要求，以及残油、残气的处理情况是否符合安全规定；

（9）易燃易爆危险物品储存、运输、使用是否符合安全要求。

二、对居民住宅区物业服务企业进行消防监督检查的内容

消防监督检查人员对居民住宅区物业服务企业进行日常消防监督检查，主要检查以下内容：

1. 是否制定消防安全制度；

2. 是否组织防火检查、消防安全宣传教育培训、灭火和应急疏散演练；

3. 消防车通道、疏散通道、安全出口是否畅通，室内消火栓、疏散指示标志、应急照明、灭火器是否完好有效；

4. 设有消防设施的小区是否每年对建筑消防设施至少进行一次全面检测；

5. 物业服务企业对管理区域内的公共消防设施是否进行维护管理；

6. 是否埋压、圈占、遮挡消火栓或者占用防火间距，是否占用、堵塞、封闭消防车道妨碍消防车通行。

三、对村（居）民委员会进行消防监督检查的内容

农村和城镇社区的消防工作主要依靠村民委员会、居民委员会开展自防自救，公安派出所对其进行的日常消防监督检查应主要注重业务指导。

（一）消防安全管理人情况

1. 消防安全管理人的职责。《消防法》第32条规定，村民委员会、居民委员会应当确定消防安全管理人，组织制定防火安全公约，进行防火安全检查。消防安全管理人对村（居）民委员会负责，主要实施和组织落实以下消防安全管理工作：

（1）拟订年度消防工作计划，组织实施日常消防安全管理工作；

（2）组织制定消防安全制度和防火安全公约，并督促落实；

（3）拟订辖区消防安全工作的资金投入和组织保障方案；

（4）组织实施辖区内防火检查和火灾隐患整改工作；

（5）发展和管理志愿消防队伍及群众性消防组织；

（6）开展社区消防安全宣传教育，协助物业单位组织或独立组织灭火和应急疏散预案的实施和演练；

（7）组织实施对辖区内的消防设施、灭火器材和消防安全标识的维护管理，确保其完好有效；

（8）建立辖区内基础防火资料，完善消防工作档案；

（9）辖区发生火灾时，及时组织疏散周围群众，拨打“119”报警，组织人员扑救初起火灾；

（10）做好村（居）民委员会委托的其他消防安全管理工作。

2. 检查的内容，主要包括：村（居）民委员会是否确定了消防安全管理人，消防安全管理人是否经过消防安全专门培训、是否熟悉辖区内的消防工作状况、是否了解并认真履行了相应的工作职责。

（二）消防安全工作制度制定情况

1. 消防安全工作制度的制定要求。村（居）民委员会应成立防火安全工作领导小组具体负责实施消防管理工作，组成人员包括村（居）民委员会主任、公安派出所辖区民警、村（居）民小组长；应将辖区消防安全工作列入日常工作内容，并建立以下各项消防安全工作制度：

（1）消防工作例会制度；

（2）防火检查巡查制度；

（3）重大火灾隐患报告制度；

（4）消防设施管理制度；

（5）消防宣传、培训制度；

（6）灭火演练和火灾扑救制度；

（7）消防工作奖惩制度；

（8）消防基础工作档案建设制度。

2. 检查内容，主要包括：村（居）民委员会是否成立消防工作组织机构，每个成员是否了解并认真履行了相应的工作职责；是否建立了完善的消防工作制度，并切实执行。

（三）防火安全公约制定情况

1. 防火安全公约的制定要求。“防火安全公约”是村（居）民共同制定且共同遵守和相互监督的有关各项具体防火措施的乡规民约，组织制定“防火安全公约”是做好社区消防安全工作的一项重要措施。村（居）民委员会应建立消防安全责任制度，与村（居）民签订《村（居）民防火公约》，并对落实情况进行检查。

2. 检查内容主要包括：村（居）民委员会是否建立了消防安全责任制；是否制定了村（居）民防火公约，防火公约内容是否全面；村（居）民是否知道防火公约，并落实公约内容。

（四）消防宣传教育情况

1. 消防宣传教育的要求。《消防法》明确规定，村（居）民委员会应协助人民政府以及公安机关等部门，加强消防宣传教育。《社会消防安全教育培训规定》规定，社区居民委员会、村民委员会应当确定至少一名专（兼）职消防安全员，具体负责消防安全宣传教育工作。其具体内容包括：

（1）组织制定防火安全公约；

（2）在社区、村庄的公共活动场所设置消防宣传栏，利用文化活动站、学习室等场所，对居民、村民开展经常性的消防安全宣传教育；

(3) 组织志愿消防队、治安联防队及灾害信息员、保安人员等开展消防安全宣传教育；

(4) 利用社区、乡村广播、视频设备定时播放消防安全常识，在火灾多发季节、农业收获季节、重大节日和乡村民俗活动期间，有针对性地开展消防安全宣传；

(5) 有条件的村（居）民委员会还应为辖区老、弱、病、残和孤寡老人提供必要的消防安全服务。

2. 检查内容主要包括：村（居）民委员会是否建立了消防宣传制度，是否采用多种形式向村（居）民进行经常性的消防宣传教育。

（五）防火安全检查实施情况

1. 防火安全检查的要求。村（居）民委员会应定期组织辖区个体工商户、居民住户开展消防安全自检自查，及时发现和消除火灾隐患。检查主要是围绕个体工商户的消防安全责任是否落实，村（居）民是否有违反防火公约的行为，用火、用电、使用燃气是否符合消防安全要求，楼梯等公共通道是否堆放杂物、是否堵塞或锁闭，消防设施器材是否完好有效以及防火间距、消防车道是否被占用等方面进行。同时，村（居）民委员会对检查中发现违法违章行为以及火灾隐患应督促整改，重大安全问题要及时上报。

2. 检查内容，主要包括：村（居）民委员会是否组织开展定期防火检查，并抽查防火检查的效果。

（六）消防水源、消防车道、消防器材情况

消防水源主要是指消火栓、消防供水管网、消防水池等天然水源；消防车道是满足消防车通行要求的道路；消防器材既包括志愿消防队的装备，也包括灭火器和其他简易灭火器材。维护管理辖区内的消防水源、消防车道、消防器材是村（居）民委员会的消防管理职责之一，目的是为扑救初起火灾提供必要的物质保证。

1. 消防水源的建设要求。在进行社区和农村建设规划时，应在保障村（居）民生产生活用水的同时，充分考虑消防用水的需要，重点规划消防给水设施建设。村（居）民委员会应保证建成的消防供水管网和消防用水不被挪作他用。在进行维修时，应及时通知消防队；平时，还应对室内外消火栓进行维护管理，防止被埋压、圈占或遮挡等。无给水管网的村镇，应建设一定数量的消防水池，寒冷地区还要采取防冻措施；也可充分利用江河、湖泊、堰塘、水渠、农业灌溉机井等天然水源作为消防水池。消防水池和天然水源设置的消防取水设施要保证完好可靠，以备消防用水和消防车取水。通向消防水源的道路应满足消防车或消防摩托车等其他简易消防车辆通行要求。在农村利用天然水源时，还应保证枯水期最低水位和冬季消防用水的可靠性。

2. 消防车道的建设要求。村（居）民委员会应保证辖区内的消防车道不被占用、锁闭，并保证畅通。村庄内部道路要按照有关规范要求打通主要干道，尽量减少和控制尽端路，设置必要的回车场地或回车道。

3. 消防器材的配置要求。村（居）民委员会应设置报警电话，配备并维护消防装备和灭火器材。村镇专（兼）职消防队和志愿消防队装备的配备应能满足扑救辖区内一般火灾和抢险救援的需要。经济比较发达地区的村镇消防队（站）要按照专职消防队（站）建设标准进行建设。经济欠发达地区的村镇，如农牧区，应考虑地势不平坦、路窄弯多，天然水源丰富，驻村工商企业少，居民火灾多等特点，推广经济适用性强、灵活机动性好，既适合乡村道路行驶，又便于从沟渠池塘汲水的三轮摩托消防车、消防手抬机动泵、车载消防水箱等作为村镇消防队（站）的主力装备。

4. 检查内容主要包括：村（居）民委员会是否建有消防水源，并保证火灾时的有效供水；是否保证消防车道不被占用，且畅通；是否为辖区的消防队伍配备必要的消防器材以及器材是否完好有效。

（七）多种形式消防组织情况

1. 多种形式消防组织的建设要求。村（居）民委员会应在城市街道办事处、乡镇人民政府的指导、支持和帮助下开展群众性的消防工作。在城镇社区，居民委员会应组织建立治安消防岗亭，组建志愿消防队，招募发展家庭防火队伍、志愿消防巡查员、消防宣传志愿者队伍等群众性消防组织；在村镇，村民委员会应根据城镇规模、经济发展状况等因素，因地制宜地建立乡镇办、政企联办或乡镇联办的专（兼）职消防队。一时没有条件设置专（兼）职消防队的村镇，可以组织成立由村民组成的志愿消防队伍。村（居）民委员会应组织各类消防自治组织开展防火安全检查和消防宣传；定期组织志愿消防队训练；发生火灾时，组织志愿消防队扑救初起火灾，并在灭火后保护火灾现场，协助调查火灾原因。

2. 检查内容主要包括：村（居）民委员会是否组织建立了多种形式的消防组织，并组织其开展各项消防工作，实现自防自救。

第三节 消防监督检查的程序

消防监督检查的程序是执法主体及其工作人员实施消防监督检查时应遵循

的方式、步骤、时限和顺序的总和。消防监督检查活动是国家行政行为，与消防监督相对人和社会公众的合法权益息息相关，如果没有严格的法定程序来约束，消防监督检查职权就可能被滥用；如果没有规范的监督检查程序，就可能导致检查的随意性，影响公正执法。

一、消防监督检查的工作流程

（一）消防监督抽查的工作流程

消防监督抽查的工作流程如图 2-1 所示。

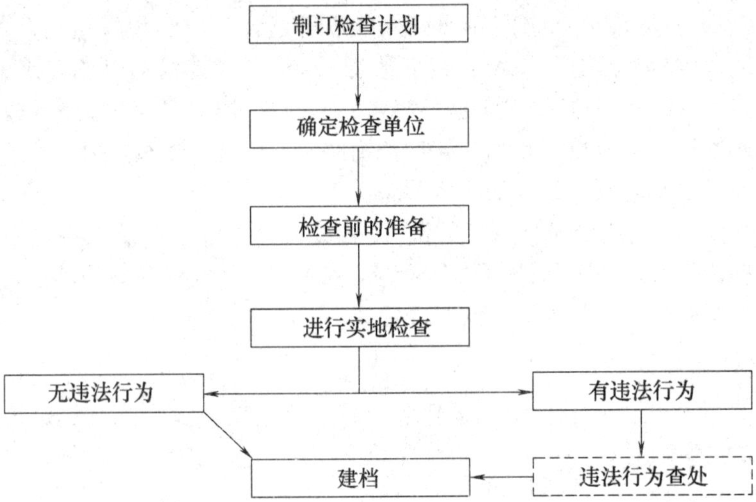

图 2-1　消防监督抽查的工作流程图

1. 制订检查计划。公安派出所在每年年初应拟订年度消防监督检查工作计划，合理安排年度、季度检查的重点和工作进度，对属于日常监督检查范围的单位应当每年至少进行一次日常消防监督检查。在火灾多发季节、重大节日、重大活动前和活动期间还应拟定阶段抽查计划，组织监督抽查。

2. 确定检查单位。公安派出所可以分行业或者分地区，采取随机方式确定每次检查的单位，也可以根据火灾形势和专项检查任务确定检查的重点单位。

3. 检查前的准备工作。消防监督检查人员实施日常消防监督检查前，要做好以下准备工作：

（1）了解单位情况，查阅检查对象的有关台账或档案资料，了解单位的地址、建筑规模、生产经营、消防管理及消防监督检查等情况。

（2）准备检查的文书和器材，包括《公安派出所日常消防监督检查记录》

《责令改正通知书》等，以及实施消防监督检查所需的器材。

4. 实地检查。实地检查应按照法定的检查内容、要求和消防监督现场检查的基本程序实施。

5. 实施处理。经消防监督检查未发现检查对象存在消防安全违法行为或违法行为轻微且依法可以不予行政处罚的，在《公安派出所日常消防监督检查记录》中按照有关要求填写清楚，直接归档。经消防监督检查发现消防安全违法行为的，进入消防违法行为查处的工作流程。

6. 归档。单位消防监督抽查案卷应在结案后 30 个工作日内立卷建档。归档的主要包括以下内容：

（1）消防监督检查记录；

（2）责令改正通知书；

（3）复查记录；

（4）行政处罚决定书等依法处理情况的文书；

（5）文书送达回执；

（6）其他有关资料。

（二）举报、投诉消防违法行为核查的工作流程

举报、投诉消防违法行为核查的工作流程如图 2-2 所示。公安机关消防机构接到对消防安全违法行为的举报、投诉，应当及时受理、登记，并按照《公安机关办理行政案件程序规定》的相关规定处理。

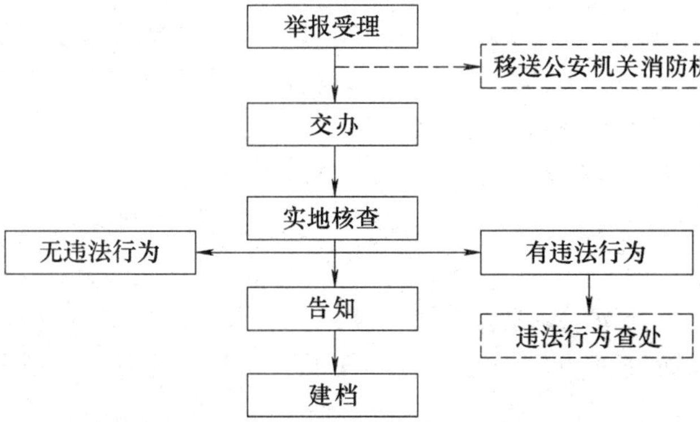

图 2-2 举报、投诉消防违法行为核查的工作流程图

1. 受理。举报、投诉的受理范围和程序如下：

（1）对于群众来信、来电、来访举报、投诉的，上级部门或者领导批转交办的，其他行政主管部门移送管辖的，以及通过其他方式举报、投诉的消防案件，应当及时受理、登记。

(2) 在《消防安全违法行为举报、投诉查处情况记录》中详细记录举报、投诉人的基本情况，举报、投诉形式，受理时间，受理人员的姓名和举报、投诉的内容。举报、投诉人要求保密的，应当注明，并为其保密。

(3) 对属于公安机关消防机构管辖的，应当在受理后的24小时内移送有管辖权的单位处理，并告知举报、投诉人；对属于《公安机关办理行政案件程序规定》所列举的紧急情形，公安派出所及其工作人员可以采取必要的强制措施或者其他处置措施。

(4) 对不属于公安派出所和公安机关消防机构职责范围内的事项，应当告知当事人向其他有关主管机关举报、投诉。

2. 交办。受理举报、投诉后，消防监督检查人员应当按照办理时限规定，及时将《消防安全违法行为举报、投诉查处情况记录》报公安派出所所长。公安派出所所长应当指派社区（驻村）民警、治安民警查处。

3. 实地核查。核查的范围和程序如下：

(1) 公安派出所消防监督检查人员应针对举报、投诉的内容进行实地核查。核查时，应当填写《公安派出所日常消防监督检查记录》。

(2) 接到对占用、堵塞、封闭疏散通道、安全出口或者其他妨碍安全疏散行为，以及擅自停用消防设施的举报、投诉，应当在接到举报、投诉后24小时内进行核查。

(3) 对其他消防安全违法行为的举报、投诉，应当在接到举报、投诉之日起3个工作日内进行核查。

4. 核查后的处理。公安派出所消防监督检查人员经过核查后，对于违法行为属实的，应当及时查处，违法行为不属实的，不予处理。

5. 告知。告知的程序和内容为如下：

(1) 核查人员应当将查处情况填入《消防安全违法行为举报、投诉查处情况记录》“查处情况”栏，报公安派出所所长。公安派出所所长在“查处情况”栏签署意见。

(2) 核查、查处情况应当及时告知举报、投诉人，告知情况或无法告知的原因应当在《消防安全违法行为举报、投诉查处情况记录》“告知情况”栏注明。

6. 建档。举报、投诉消防安全违法行为核查案卷应在结案后30个工作日内立卷建档。归档主要包括以下内容：

(1) 消防安全违法行为查处情况告知举报人材料；

(2) 举报材料、来访反映情况记录；

(3) 消防安全违法行为举报、投诉受理登记；

(4) 消防监督检查记录;
(5) 复查记录;
(6) 行政处罚决定书等依法处理情况的文书;
(7) 文书送达回执;
(8) 其他有关资料。

二、消防监督检查的基本程序要求

《消防监督检查规定》规定了消防监督检查的基本程序要求。

(一) 表明身份

表明身份，是指消防监督检查人员向检查对象口头说明并出示必要证件，以表明合法监督检查主体身份的过程。表明身份的目的：一是体现执法行为的严肃性；二是取信于检查对象；三是避免不法之徒假冒消防监督检查人员对检查对象进行敲诈勒索。公安派出所民警进行日常消防监督检查、抽查时，检查人员不得少于两人，应当着制式警服，并出示执法身份证件。对于不出示执法身份证件或出示的证件不符合要求的，检查对象有权拒绝其检查。

(二) 说明理由

说明理由，是指消防监督检查人员向检查对象说明检查的原因和依据或表明检查权限的过程。说明理由的目的是保证监督检查中双方当事人的权利和义务。对于消防监督检查人员而言，说明理由是为了取得检查对象的理解和配合，保障消防监督检查权的顺利行使，同时，也使检查权处于公众监督之下，防止滥用此项职权。对于检查对象而言，通过检查人员说明理由可获知依法应承担的相应义务，接受、服从并协助消防监督检查，同时也可以监督检查权的正当行使，保护自身合法权益。

(三) 填写检查记录

在消防监督检查过程中，检查人员应当如实填写《公安派出所日常消防监督检查记录》，记录检查内容的情况。《公安派出所日常消防监督检查记录》应当由检查人员和被检查单位或村（居）民委员会主管人员阅后签名；对记录有异议或者拒绝签名的，消防监督检查人员应当注明情况。《公安派出所日常消防监督检查记录》应一式两份，一份交被检查单位或村（居）民委员会，另一份存档备查。

(四) 告知检查结果

检查完毕，应当将消防监督检查结果告知相对人并提出整改意见或建议，同时，一并告知与监督检查结果有直接关系的权利和义务。一方面，可使检查对象及时采取措施，消除火灾隐患；另一方面，便于检查对象对不利于自己的监督检查结果进行申辩。

三、消防监督检查的方法

消防监督检查的方法，是指为了达到检查的目的，所采用的实施检查的方式和手段。消防监督检查人员应根据检查对象的实际情况，灵活运用各种检查方式和手段，做到应查尽查，确实掌握检查对象的真实情况。检查方法的正确与否，直接关系到检查的效果。因此，针对不同的检查内容，检查人员应当采取不同的检查方法。

（一）询问

“询问”，是通过向有关人员进行发问，了解本单位消防安全工作的开展情况和各项制度措施的执行落实情况等。这种方法是消防安全检查中不可缺少的手段之一。通过“询问”，不仅可以在有限的时间内，直接而快速地获得相关的信息，还可以了解到有些其他手段查不出来的火灾隐患。

询问可以采用随机抽查的方式，边检查、边询问、边记录。采用这种方法时，消防安全检查人员应作好充分准备，避免盲目性，如预先设计询问或测试哪些人、哪些方面的问题以及问题的难易度与普遍性等。询问对象不同，内容也应有所差别。

1. 询问消防安全责任人或消防安全管理人员：了解其实施和组织落实消防安全管理工作的概况以及领导对消防工作的熟悉和重视程度；

2. 询问消防安全重点部位的人员：了解单位对其培训的概况以及消防安全制度和操作规程的落实情况；

3. 询问消防控制室的值班、操作人员：了解其是否具备岗位资格；

4. 随机抽查询问员工：了解单位开展消防安全宣传教育情况；对于人员密集场所，还应向员工了解其组织引导在场人员疏散的知识和技能，以及报告火警和扑救初起火灾的知识和技能。

（二）查阅资料

查阅的主要资料是单位的消防档案。消防监督检查人员可以通过查阅单位的消防档案，全面了解单位的消防安全状况。在查阅消防安全资料时应重点检查以下方面：

1. 制定的各种消防安全制度和操作规程是否全面并符合有关消防法律、法规的规定和实际需要；

2. 各种检查记录及值班记录的填写是否详细、规范；

3. 单位制定的灭火和应急疏散预案是否具有合理性和可操作性；

4. 注意辨别资料的真实性和有效性以及与实际情况是否一致，必要时，应对有疑问的内容通过实际检查加以确认。

（三）实地查看

实地查看，是消防监督检查人员通过用眼看、手摸、耳听、鼻嗅等人的感官直接观察的方法。实地查看是消防安全检查采用的最基本的方法，要求消防监督检查人员必须亲临现场，特别是建筑物内安全出口和疏散通道，要求逐一走到。查看过程中，要充分发挥人的感官功能，认真细致地观察。例如，在防火巡查时，用眼看一看有哪些不正常的现象，用手摸一摸有无过热等不正常的感觉，用耳听一听有无不正常的声音，用鼻子嗅一嗅有无不正常的气味等。对于通过观察方法不能确定的问题，要借助工具和仪器进行测量，予以确认。

（四）抽样测试

抽样测试，主要是借助专业检查、测试的设备、仪器，对建筑消防设施、设备进行功能抽查测试，对电气设备、线路，可燃气体、液体等相关参数等进行测量。抽样测试前，检查人员应当先通过眼看、耳听、手摸等方法，做抽样性外观检查，来判断系统是否处于准工作状态；系统组件是否完整，有无损坏。对于消防设施，还应查阅单位所提供的消防设施定期检查记录及建筑自动消防系统的全面检查测试维修保养报告，以确定单位消防设施运行情况；与单位的消防设施专业维护管理人员一同借助于专业检查、测试的设备、仪器，按照《建筑消防设施检测技术规程》《消防产品现场检查判定规则》等标准的要求，对建筑消防设施、器材进行功能抽查测试。

（五）现场检验

现场检验，这一检查手段是对于采用其他手段不能有效进行检查的内容，如对单位灭火应急疏散预案和组织演练情况的检查，不能局限于仅检查单位是否制定了灭火疏散预案，而且还应检验单位消防安全责任人、消防安全管理人、专（兼）职消防管理人员、志愿消防队员和员工对灭火疏散预案的熟悉及掌握程度，因此，可以采取实地演练的方式，对某一重点部位进行模拟演练，以检查消防安全责任人或消防安全管理人的指挥能力，志愿消防队员的灭火和协作能力以及员工疏散等情况。现场检验的检查手段主要适用以下内容：

1. 开展灭火应急疏散预案的演练情况；

2. 消防队伍的训练情况；

3. 员工安全操作情况。

四、消防监督检查法律文书的制作

（一）公安派出所日常消防监督检查记录

《公安派出所日常消防监督检查记录》是公安派出所民警进行消防监督检查时制作的法律文书，主要记录检查中发现的消防安全违法行为、责令改正的情况。不论是否发现消防安全违法行为，均应填写《公安派出所日常消防监督检查记录》，文书式样见式样2-3。

1. 基本信息的填写。“单位性质”栏，填写单位的使用性质，如医院、学校、宾馆、饭店、商场、集贸市场、客运车站候车室、客运码头候船厅、民用机场航站楼、体育场馆、会堂、公共娱乐场所、养老院、福利院、托儿所、幼儿园、图书馆、生产企业等；“建筑面积”栏，填写单位实际使用的建筑面积；“建筑层数”栏，填写单位所使用的建筑楼层序号；“建筑高度”栏，填写单位所在建筑的总体高度。

2. 检查内容和情况记录的填写：

（1）对建筑物内的某一个场所进行消防监督检查时，《公安派出所日常消防监督检查记录》第一部分中，建筑物的消防行政许可情况应填写该场所的消防行政许可情况；该场所所在建筑物整体的消防行政许可情况应在备注栏中填写。

（2）对1998年9月1日前投入使用的建筑和场所，在填写《公安派出所日常消防监督检查记录》时，应在备注栏注明“该建筑于××年××月投入使用”。

（3）原则上要求一次消防监督检查，应将发现该场所存在的消防安全违法行为全部指出，并填入《公安派出所日常消防监督检查记录》中。但是，对于发现建筑物未依法通过消防验收，或者未进行消防竣工验收备案，擅自投入使用的；公众聚集场所未依法通过使用、营业前的消防安全检查，擅自使用、营业的，仅需填写《公安派出所日常消防监督检查记录》中的单位基本情况、“合法性”和“移送消防机构处理的内容”等栏即可，其他栏内容可不填写。

（4）《公安派出所日常消防监督检查记录》所列举的内容，在检查对象按有关规定可不设置且文书已经设置选项或填空处的，则相关项目可不勾选或在项目填空处划斜杠。例如，“建筑防火”栏中，“防火门”项目中仅有“完好有效”“常闭式防火门常开”和“损坏”三个选项，如按有关技术规范可不设防火门，则“防火门”项目可不勾选。

（5）《公安派出所日常消防监督检查记录》中记录的消防安全违法行为应有现场照片证明。有条件的，也可以用摄像形式取证。其有关相片要冲洗后附档，相片应注明证明内容、拍照日期、拍照人、证明人；电子文档要刻录保存。

(6) 对村（居）民委员会履行消防安全职责情况实施消防监督检查时，《公安派出所日常消防监督检查记录》中，“单位履行消防安全职责情况”和“移送消防机构处理的内容”两栏可不填写。

(7) 对违法行为轻微并当场改正完毕，依法可以不予行政处罚的，可以口头责令改正，并在《公安派出所日常消防监督检查记录》“备注”栏中注明。

3. 其他内容的填写：

(1)《公安派出所日常消防监督检查记录》“〔 〕”处填写年度，“第　号”处填写文书的顺序编号。

(2)“检查日期”栏，填写现场检查当日的日期；“消防安全管理”栏中的“其他情况”处，填写单位其他消防安全管理情况；“备注”栏，填写通知单位立即采取措施消除火灾隐患的情况。

（二）消防安全违法行为举报、投诉查处情况记录

《消防安全违法行为举报、投诉查处情况记录》是公安派出所民警对举报、投诉进行消防安全查处过程的法律文书。制作范例见式样 2-4。

1. 举报、投诉人信息。“举报、投诉人”栏，填写举报、投诉人详细情况。当事人要求匿名举报、投诉的，受理登记人员应当为当事人保密，填写“匿名”或“不明”。

2. 举报、投诉形式。“举报、投诉形式”栏，受理人员应在相应项目内打上“√”。

3. 举报、投诉内容。“举报、投诉内容”栏，要填写举报、投诉的违法行为。同时，要填写具体的单位、地址或者人员等，以便于消防监督检查人员及时准确开展核查工作。

4. 领导批示。对受理属于公安机关消防机构管辖的举报、投诉，公安派出所所长在有关举报、投诉受理后，在该记录表“领导批示”一栏中作出移交批示，“查处情况”一栏无须填写，只在告知举报、投诉人移交情况后填写“告知情况”栏即可。

5. 查处情况。“查处情况”栏中，核查人员要详细填写核查的时间、经过、事实情况、处理情况、核查人员签名和领导审批情况等。“告知情况”栏中，告知人员要填写举报、投诉核查反馈情况，并要如实填写；对于告知或者无法告知的，承办人员都要签字。

6. 其他内容。“编号”处填写文书的顺序编号。

【式样 2-3】

（此处印制公安派出所名称）

公安派出所日常消防监督检查记录

编号：〔　　〕第　　号

<table>
<tr><td colspan="2">单位(场所)名称</td><td colspan="2"></td><td>法定代表人/
主要负责人</td><td></td></tr>
<tr><td>地　　址</td><td colspan="3"></td><td>单位性质</td><td></td></tr>
<tr><td>使用的建筑面积
(m^2)</td><td></td><td>使用的建筑
具体层数</td><td></td><td>所在建筑
高度(m)</td><td></td></tr>
<tr><td>监督检查人员
(签名)</td><td></td><td>单位随同检查
人员(签名)</td><td></td><td>检查日期</td><td></td></tr>
<tr><td colspan="6">检查内容和情况记录</td></tr>
<tr><td rowspan="3">单位履行消防安全职责情况</td><td>合法性</td><td colspan="4">被查建筑物名称：____________________
□1998 年 9 月 1 日之前竣工建筑且此后未改建(含装修、用途变更)
□依法通过消防验收　□依法进行竣工验收消防备案
□其他情况：____________________
□是 □否　公众聚集场所
依法通过投入使用、营业前消防安全检查　□是　□否</td></tr>
<tr><td>消防安全管理</td><td colspan="4">1. 消防安全制度　□有　□无
2. 员工消防安全教育培训　□组织开展　□未组织开展
3. 防火检查　□组织开展　□未组织开展
4. 灭火和应急疏散预案　□有　□无
5. 消防演练　□组织　□未组织
6. 其他情况：____________________</td></tr>
<tr><td>建筑防火</td><td colspan="4">1. 消防车通道　□畅通　□被堵塞、占用　□无
2. 疏散通道　□畅通　□堵塞　□锁闭
3. 安全出口　□畅通　□堵塞　□锁闭　□缺少
4. 防 火 门　□完好有效□常闭式防火门常开
□损坏　□不涉及
5. 疏散指示标志　□完好有效□损坏　□缺少　□无
6. 应急照明　□完好有效□损坏　□缺少　□无
7. 人员密集场所外墙门窗上是否设置影响逃生、灭火救援的
障碍物　□否　□是　□不涉及
8. 其他情况：____________________</td></tr>
</table>

续表

<table>
<tr><td colspan="3">检查内容和情况记录</td></tr>
<tr><td rowspan="2">单位履行消防安全职责情况</td><td>消防设施</td><td>1. 室内消火栓 □未设置 □完好有效 □损坏 □无水
□配件不齐 □被遮挡、圈占 □不涉及
2. 灭火器 □未配置 □完好有效 □失效 □缺少
□配置类型错误 □设置地点不当
3. 建筑消防设施 □定期维修保养并记录 □无记录
□未定期维修保养 □不涉及
4. 物业服务企业对管理区域内共用消防设施是否维护管理
□是 □否 □不涉及</td></tr>
<tr><td>危险品管理</td><td>1. 是否存在违反规定使用明火作业或在具有火灾、爆炸危险的场所吸烟、使用明火 □否 □是 □不涉及
2. 是否存在违反消防安全规定进入生产、储存易燃易爆危险品场所 □否 □是 □不涉及
3. 生产、储存、经营易燃易爆危险品的场所是否与居住场所设置在同一建筑物内 □否 □是 □不涉及</td></tr>
<tr><td colspan="2">村(居)民委员会履行消防安全职责情况</td><td>1. 消防安全管理人 □确定 □未确定
2. 消防安全工作制度 □有 □无
3. 防火安全公约 □有 □无
4. 消防宣传教育 □开展 □未开展
5. 防火安全检查 □开展 □未开展
6. 消防水源、消防车通道、消防器材
□维护管理 □未维护管理
7. 多种形式消防组织 □建立 □未建立</td></tr>
<tr><td colspan="2">责令改正情况</td><td>制发的法律文书名称和编号:</td></tr>
<tr><td colspan="2">移送公安机关消防机构处理的内容</td><td>发现的下列第__项消防安全违法行为,移送____________依法处理:
□1. 建筑物未依法通过公安机关消防机构消防验收,擅自投入使用;
□2. 建筑物未依法进行竣工验收消防备案;
□3. 公众聚集场所未依法通过使用、营业前消防安全检查,擅自投入使用、营业。</td></tr>
<tr><td colspan="2">备 注</td><td></td></tr>
</table>

此记录由公安派出所存档。

【式样 2-4】

消防安全违法行为举报、投诉查处情况记录

编号：2014-××

<table>
<tr><td rowspan="3">举报
投诉人</td><td colspan="2">姓名</td><td colspan="2">陈××(或匿名)</td></tr>
<tr><td colspan="2">工作单位或住址</td><td colspan="2">××××××××××(或不明)</td></tr>
<tr><td colspan="2">联系电话</td><td colspan="2">××××××××××(或不明)</td></tr>
<tr><td rowspan="2">举报、投诉
形式</td><td>来电</td><td>来信</td><td>来访</td><td>其他</td></tr>
<tr><td></td><td>√</td><td></td><td></td></tr>
<tr><td>受理时间</td><td>2014 年 7 月 6 日 14 时</td><td>受理人员</td><td colspan="2">×××</td></tr>
<tr><td>举报、投诉
内容</td><td colspan="4">××旅馆(地址:××镇××路××号)涉嫌堵塞安全出口。</td></tr>
<tr><td>领导
批示</td><td colspan="4">由李××为主办人,吴××协助查处。
签名:胡×× 2014 年 7 月 6 日 14 时</td></tr>
<tr><td>查处
情况</td><td colspan="4">7 月 6 日 17 时,我所民警李××、吴××对陈××举报××旅馆(地址:××镇××路××号)涉嫌堵塞安全出口的消防安全违法行为进行了核查。经查,该旅馆二楼左侧堆放大量杂物堵塞安全出口,举报情况属实。我所已发出《责令改正通知书》(编号:〔2014〕第 0070 号),并拟对该旅馆的消防安全违法行为立案处理。
承办人签名:李××、吴×× 2014 年 7 月 6 日
同意,请李××、吴××按规定告知举报人,并立案调查。
行政负责人:胡×× 2014 年 7 月 6 日</td></tr>
<tr><td>告知
情况</td><td colspan="4">已于2014年7月7日将查处情况告 陈××。(因 举报人未留联系电话和地址 ,无法告知。)
承办人签名:李××、吴××
日期:2014 年 7 月 7 日 9 时</td></tr>
</table>

此记录存档，根据核查情况需附卷时复制一份。

第三章　常见场所的消防监督检查

由公安派出所列管的单位和场所通常规模较小，但类型多样，主要包含购物场所、餐饮场所、住宿场所、公共娱乐场所、休闲健身场所、医疗场所、教学场所、生产加工场所以及易燃易爆危险品销售和储存场所等，俗称“九小”场所。每类场所都有各自突出的火灾危险性，消防安全要求也有区别。因此，消防监督检查的内容也应区别各类场所而有所侧重。

第一节　公众聚集场所消防监督检查

伴随着城市经济的快速发展、流动人口数量的增多以及城镇化的快速推进，旅馆、饭店、商店、超市、网吧、KTV 歌厅以及娱乐健身等公众聚集场所得到了迅猛发展，其中一些规模较小的公众聚集场所被纳入公安派出所消防监督检查的范畴。

一、小型公共娱乐场所消防监督检查

小型公共娱乐场所大多依附在其他建筑内部，场所内人员密集、电气负荷大，使用可燃材料装修多，发生火灾极易造成人员伤亡，甚至导致群死群伤的重特大恶性火灾事故。例如，2002 年 6 月 16 日，北京蓝极速网吧由于人为纵火，造成 25 人死亡；2008 年 9 月 20 日，深圳市舞王俱乐部歌舞厅演职人员使用自制礼花弹手枪发射礼花弹，引燃天花板的聚氨酯泡沫，造成 43 人死亡、88 人受伤；2009 年 1 月 31 日 23 时，福建省长乐市拉丁酒吧发生火灾，造成 17 人死亡、20 人受伤。因此，公共娱乐场所被列为各级消防监督检查工作的重点场所。

（一）公共娱乐场所的界定

公共娱乐场所，是指具有文化娱乐、健身休闲功能并向公众开放的室内场所。根据《公共娱乐场所消防安全管理规定》，公共娱乐场所主要包括下列室内场所：影剧院、录像厅、礼堂等演出、放映场所；舞厅、卡拉 OK 厅等歌舞娱乐场所；具有娱乐功能的夜总会、音乐茶座和餐饮场所；游艺、游乐场所；保龄球馆、旱冰场、桑拿浴室等营业性健身、休闲场所等。

（二）公共娱乐场所的火灾危险性

1. 用电设备较多，私搭乱接现象普遍，易导致发生电气火灾。公共娱乐场所由于经营需要，大量使用电视机、音响设备、灯光、计算机、空调等用电设备，电气线路敷设复杂，使用过程中存在私搭乱接等现象，容易导致电气线路发生故障，而引发火灾事故。

2. 室内装修可燃材料多，易加速火灾蔓延，并产生有毒烟气。公共娱乐场所在室内装修过程中，因考虑装修造型、音响效果和材料价格等原因，经常会采用木材、塑料、纤维织品、胶合板及壁纸等易燃、可燃的有机材料进行装饰、装修。因此，该类场所一旦起火，火势蔓延速度快，同时产生大量有毒、有害气体，易造成火场中的人员中毒。

3. 消防违法行为普遍存在，监管难度较大。由于该类场所规模有限，经营成本低，因此，场所性质变更频繁，在反复的装修过程中，存在擅自改变建筑原有结构，降低建筑物耐火等级，破坏防火、防烟分区，甚至为了经营需要，擅自封闭疏散通道和安全出口，埋压、遮挡消火栓，停用自动喷水灭火系统和火灾自动报警装置等大量消防违法行为。

4. 员工安全意识较低，消防安全管理缺失。公共娱乐场所经营管理人员流动性相对较大，内部消防安全管理松散，员工消防安全意识淡薄，是造成公共娱乐场所火灾隐患长期存在的根本原因。一方面，很多小型公共娱乐场所内部消防管理制度不完善，没有明确的消防安全管理人员，缺乏规范的消防安全管理制度；另一方面，忽视对单位员工的消防安全培训，缺乏必要的消防安全常识，没有开展有针对性的消防安全演练工作，造成员工对火灾应急处置程序和操作方法不清楚。

（三）公共娱乐场所消防监督检查要点

公共娱乐场所消防监督检查应重点结合公共娱乐场所的火灾危险性，按照《公共娱乐场所消防安全管理规定》，有针对性地开展消防监督检查。

1. 公共娱乐场所消防合法性检查。根据《消防法》《建设工程消防监督管理规定》和《消防监督检查规定》等消防法律、法规的规定，建筑面积小于 $500m^2$ 的小型公共娱乐场所实行消防设计和竣工验收备案抽查制度；公共娱乐场所营业前，应经公安机关消防机构消防安全检查合格后准许营业。

2. 公共娱乐场所建筑防火检查。公共娱乐场所建筑防火的检查内容主要是场所设置建筑的耐火等级和平面布置是否满足如下要求：

（1）建筑耐火等级。公共娱乐场所宜设置在耐火等级不低于二级的建筑物内。已经核准设置在三级耐火等级建筑内的公共娱乐场所，应当符合下列特定的防火安全要求：

① 对建筑物的燃烧体进行防火处理，提高建筑物的耐火等级；

② 增设火灾自动报警、自动灭火装置；

③ 落实专人值班和防火巡查和检查制度。

（2）平面布置。公共娱乐场所设置位置应满足以下要求：

① 公共娱乐场所不得设置在文物古建筑和博物馆、图书馆建筑内，不得毗连重要仓库或者危险物品仓库，不得在居民住宅楼内改建公共娱乐场所；

② 公共娱乐场所与其他建筑相毗邻或者附设在其他建筑物内时，应当按照独立的防火分区设置；

③商住楼内的公共娱乐场所与居民住宅的安全出口应当分开设置；

④歌舞厅、录像厅、夜总会、游艺厅（含电子游艺厅）、卡拉 OK 厅、桑拿浴室（不包括洗浴部分）及网吧等歌舞娱乐放映游艺场所（不含剧场、电影院）等不应设置在地下二层及以下楼层。

3. 公共娱乐场所消防安全管理检查。公共娱乐场所消防安全管理检查主要有消防安全管理组织和消防安全管理制度的建立及制度落实情况。

（1）消防安全管理组织。公共娱乐场所应当在法定代表人或者主要负责人中确定本单位的消防安全责任人和消防安全管理人。消防安全责任人和消防安全管理人应当依照《消防法》的有关规定履行消防安全职责，负责检查和落实本单位防火措施、灭火预案的制定和演练以及建筑消防设施、消防通道、电源和火源管理等。各部门和岗位的负责人应定期培训，明确本岗位的消防安全职责；特别是公共娱乐场所的消防控制室值班员应经过消防专门培训，持证上岗，熟练掌握《消防控制室管理及应急程序》，并能熟练操作消防控制设备。

（2）消防安全管理制度。重点检查内容及要求如下：

①公共娱乐场所应建立防火巡查和防火检查制度。营业期间，公共娱乐场所应每两个小时进行一次防火巡查，并按照《人员密集场所消防管理》的规定，确定巡查的人员、内容和部位；公共娱乐场所还应定期开展防火检查，做到各岗位每天一次，各部门每周一次，单位每月一次。

②公共娱乐场所应建立消防安全教育培训制度。公共娱乐场所应至少每半年组织一次对从业人员的集中消防培训，对新上岗员工或有关从业人员应进行上岗前的消防安全培训。

③公共娱乐场所应建立用火、动火安全管理制度，并应明确用火、动火管理的责任部门和责任人，明确用火、动火的审批范围、程序和要求，以及电气焊工的岗位资格及其职责要求等内容。公共娱乐场所在营业期间，禁止动火作业。

4. 公共娱乐场所内部装修检查。公共娱乐场所内部装修应重点检查以下部位：

（1）室内房间顶棚和墙面。歌舞厅、卡拉OK厅（含具有卡拉OK功能的餐厅）、夜总会、录像厅、放映厅、桑拿浴室（洗浴部分除外）、游艺厅（含电子游艺厅）、网吧等歌舞娱乐放映游艺场所（以下简称歌舞娱乐放映游艺场所）设置在一、二级耐火等级建筑的四层及四层以上时，室内装修的顶棚应采用A级装修材料，其他部位应采用不低于B1级的装修材料；当设置在地下一层时，室内装修的顶棚、墙面应采用A级装修材料，其他部位应采用不低于B1级的装修材料。室内房间的顶棚或墙面采用海绵等多孔或泡沫状塑料时，厚度不应大于15mm，面积不得超过该房间顶棚或墙面积的10%。进行室内装修时，应尽量避免使用聚氨酯海绵（即所谓“软包”）等易燃材料。

（2）照明灯具。各种灯具距离幕布、窗帘、布景等可燃物不小于0.5m。照明灯具的高温部位，当靠近易燃、可燃、难燃装修材料时，应采取隔热、散热等防火保护措施。灯饰所用材料应为不燃和难燃材料，禁止使用易燃或可燃材料。

（3）安全标识。公共娱乐场所应悬挂各种警示标识牌，如禁止吸烟、禁止使用明火、禁止燃放烟花爆竹、禁止存放易燃易爆危险品等。

5. 安全疏散设施检查。安全疏散设施检查的重点及要求如下：

（1）安全出口和疏散门。公共娱乐场所在营业时必须确保安全出口和疏散通道畅通无阻，营业期间严禁将安全出口上锁、阻塞。公共娱乐场所的安全出口数目、疏散宽度和距离，应当符合国家有关建筑设计防火规范的规定。在疏散门1.4m范围内，不应设置踏步、门槛和台阶；疏散门应向外开启，不得采用卷帘门、转门、吊门和侧拉门，门口不得设置门帘、屏风等影响疏散的遮挡物。

（2）窗口和阳台。窗口、阳台等部位禁止设置影响逃生和灭火救援的栅栏；公共娱乐场所的外墙上应在每层设置外窗（含阳台），其间隔不应大于15m；每个外窗的面积不应小于1.5m^2，且其短边不应小于0.8m，窗口下沿距室内地坪不应大于1.5m；使用人数超过20人的厅、室内应设置净宽度不小于1.1m的疏散走道，活动座椅应采用固定措施。

（3）疏散走道。歌舞娱乐放映游艺场所应在疏散走道和主要疏散路径的地面上增设能保持视觉连续的灯光疏散指示标志或蓄光疏散指示标志。使用人数超过20人的厅、室内应设置净宽度不小于1.1m的疏散走道，活动座椅应采用固定措施。

（4）楼梯间。封闭楼梯、防烟楼梯及其前室的防火门应向疏散方向开启，且具有自闭功能，并处于常闭状态；平时因频繁使用需要常开的防火门应能自动、手动关闭；平时需要控制人员随意出入的疏散门，不用任何工具能从内部开启，并有明显标识和使用提示；常开防火门的启闭状态在消防控制室能正确显示。

（5）消防应急照明。消防应急照明可采用蓄电池作备用电源，其连续供电时间不应少于 30min（设置在高度超过 100m 的高层民用建筑连续供电时间不应少于 1.5h，地下、半地下建筑内连续供电时间不应少于 1h）。正常电源断电后，火灾应急照明电源转换时间应不大于 5s。公共娱乐场所内的地面最低水平照度不应低于 3.0Lx，对于楼梯间、前室或合用前室、避难走道不应低于 5.0Lx。

（6）疏散指示标志。疏散指示标志应完好有效。当疏散指示标志设置在安全出口和疏散门的正上方时，其下边缘距门的上边缘不宜大于 0.2m；在疏散走道及其转角处时，应设置在距地面高度 1m 以下的墙面或地面上。疏散指示标志间距不应大于 20m，对于袋形走道不应大于 10m，在走道转角区不应大于 1m。

（7）安全疏散辅助设施。公共娱乐场所等各楼层的明显位置应设置安全疏散指示图，指示图上应标明疏散路线、安全出口、人员所在位置和必要的文字说明。卡拉 OK 室、休息厅、录像放映厅及其包房内，应当设置声音或者视像警报，保证在火灾发生时，将其他画面、音响消除，切换到应急广播和应急疏散指示，引导人们安全疏散。

6. 电气线路和照明设施检查。电气线路和照明设施检查的重点及要求如下：

（1）电气线路敷设。电气线路的敷设应符合相关规范的规定。用电负荷较大的场所应慎用铝芯导线，尽量选用铜芯导线。电力电缆不应和输送甲、乙、丙类液体管道、可燃气体管道、热力管道敷设在同一管沟内。配电线路宜穿管敷设，敷设在闷顶内的配电线路应穿金属管保护。

（2）电气设备安装。电气设备的安装应符合相关规范的规定。严禁在线路上擅自增加电气设备，以防止过载引发火灾。在人员集中活动的场所布置场景、灯光和其他用电设备时，要核对供电回路的允许负荷。开关、插座和照明器靠近可燃物时，应采取隔热、散热等防火保护措施。超过限定功率的、发热量大的电气设备不应直接安装在可燃装修或可燃构件上，引入线应按规定作隔热保护。照明灯具、电源开关、插座、荧光灯等应安装在不燃材料上。照明灯具的高温部位，当靠近可燃物时，应采取隔热、散热等防火保护措施，灯饰应选用不燃、难燃材料。卤钨灯和额定功率 100W 及以上的白炽灯泡的吸顶灯、槽灯、嵌入式灯的引入线应采用瓷管、石棉、玻璃丝等非燃烧材料作隔热保护。

（3）配电室。配电室宜单独设置，如果不能单独设置，应采用耐火极限不低于2.00h的隔墙、1.50h的楼板和乙级防火门与其他场所隔开。配电室和机房内，应按规定配置相应的灭火器材。

（4）消防用电设备。消防用电设备应采用专用供电回路，其配电线路应满足火灾时连续供电的需要，其敷设应满足相关规范的规定。所有电气设备的接地装置均应按相关规定定期进行接地电阻测试，确保其处于正常状况。

7. 消防设施检查。公共娱乐场所内消防设施检查的重点及要求如下：

（1）火灾自动报警系统。歌舞娱乐放映游艺场所应设置火灾自动报警系统，具体检查内容包括：

① 检查故障报警功能：摘掉一个探测器，控制设备能正确显示故障报警信号。

② 检查火灾报警功能：任选一个探测器进行吹烟，控制设备能正确显示火灾报警信号。

③ 检查火警优先功能：摘掉一个探测器，同时给另一探测器吹烟，控制设备能优先显示火灾报警信号。

④ 检查消防电话通话功能：在消防控制室和水泵房、发电机房等处使用消防电话，消防控制室与相关场所能相互正常通话。

（2）自动喷水灭火系统。设置在高层民用建筑内的歌舞娱乐放映游艺场所，设置在地下或半地下或地上四层及以上楼层的歌舞娱乐放映游艺场所以及设置在首层、二层、三层且任一层建筑面积大于300m²的地上歌舞娱乐放映游艺场所应设置自动灭火系统，并宜采用自动喷水灭火系统。具体检查内容包括：

① 报警阀组件完整，报警阀前后的阀门、通向延时器的阀门处于开启状态。

② 对自动喷水灭火系统进行末端试水：将消防控制室联动控制设备设置在自动位置，选择最不利点进行末端试水，观察压力表是否低于0.05MPa；水流指示器动作，控制设备能正确显示水流报警信号；压力开关动作，水力警铃发出警报，在3m处测声压是否低于70dB；使用秒表计时，5秒内是否喷淋泵启动，控制设备能正确显示压力开关动作及启泵信号。

③ 防烟和排烟设施。设置在一、二、三层且房间建筑面积大于100m²的歌舞娱乐放映游艺场所，设置在四层及以上楼层、地下或半地下的歌舞娱乐放映游艺场所应设置防烟和排烟设施。具体检查内容包括：

检查加压送风系统：自动、手动启动加压送风系统，相关送风口开启，送风机启动，送风正常，反馈信号正确。

检查排烟系统：自动、手动启动排烟系统，相关排烟口开启，排烟风机启动，排风正常，反馈信号正确。

（3）灭火器：公共娱乐场所应当按照《建筑灭火器配置设计规范》配置灭火器材。检查要求包括：

① 公共娱乐场所必须配备 ABC 类干粉灭火器；

② 灭火器压力符合要求，压力表指针在绿区；

③ 灭火器设置在明显和便于取用的地点，不影响安全疏散；

④ 灭火器有定期维护检查的记录。

（4）消火栓、水泵接合器。一是检查消火栓箱：水枪、水带等配件齐全，水带与接口绑扎牢固。二是检查消火栓的系统功能：任选一个室内消火栓，接好水带、水枪，水枪出水正常；将消防控制室联动控制设备设置在自动位置，按下消火栓箱内的启泵按钮，消火栓泵启动，控制设备能正确显示启泵信号，水枪出水正常。三是检查室外消火栓：不被埋压、圈占、遮挡，标识明显，有专用开启工具，阀门开启灵活、方便，出水正常。四是检查水泵接合器：不被埋压、圈占、遮挡，标识明显，并标明供水系统的类型及供水范围。

二、小型旅店的消防监督检查

近些年，涌现出了大量的小型旅店，如经济型连锁酒店、家庭旅店等。与大型星级宾馆相比较，这些小型旅店大部分都是在原有建筑基础上改建或者扩建而成，旅店内虽然房间数量不多，但人员流动频繁，存在一定的消防安全隐患。例如，2005 年 6 月 10 日，广东省汕头市潮南区峡山街道华南宾馆二楼包厢顶部因电线短路引燃可燃物导致火灾，造成 31 人死亡、3 人重伤；2011 年 12 月 24 日凌晨，湖北省潜江市园林城区的一座小型旅馆“亨通宾馆”发生重大火灾事故，造成 4 人死亡、7 人受伤；2011 年 5 月 1 日凌晨，吉林省通化市如家快捷酒店发生特别重大火灾事故，造成 10 人死亡、41 人重伤。

（一）小型旅店的界定和分类

1. 小型旅店的界定。小型旅店主要分布在靠近车站、医院、学校等交通便利以及人流较大的地方。小型旅店客房数量一般不超过 50 间，平均客员容纳量在 100 人以下，建筑面积以 500m^2 以下居多，住宿费用相对较低，通常以间（套）或者小时为计费单位。

2. 小型旅店的分类：

（1）小型旅店按所在建筑位置，可分为“单体式”和“附设式”两类。

“单体式”旅店，即一幢建筑物整体用于旅店及其辅助用房，建筑结构独立，客房相对集中；“附设式”旅店，即附设在公共建筑或居住建筑局部楼层的旅店，经营者将原有建筑中部分空间施工改造成旅店，分隔成不同面积的独立用房。

(2) 小型旅店业场所按经营性质，主要分为小型经济型连锁酒店和家庭式旅店。经济型连锁酒店，也称快捷型酒店，通常是指以提供符合二星级酒店客房硬件标准以上的住宿为核心产品，并提供有限餐饮、会议等补充产品，价格低廉，符合大众化消费需求的住宿设施。这类酒店多为连锁性经营模式，采用标准化装修、管理和运营，安全性相对较高。家庭式旅店，是指以家庭合法拥有的住宅为基本接待单位，以接待住宿旅客为经营目的，以个体管理服务为主要形式的小型住宿接待设施。这类旅店通常为旅客与居民混杂在一起，主要分布在各种住宅小区内，火灾隐患相对较大。

(二) 小型旅馆的火灾危险性

1. 安全疏散困难。由于小型旅店通常是在原有建筑基础上改建或扩建而成的，且部分旅店附设于其他建筑之中，因此，受原有建筑周边环境和建筑结构限制，改建后的旅店在建筑结构和消防安全疏散设施等方面难以符合现行消防技术规范要求。此外，一些附设在居住建筑内的旅店由于和居民区生活混杂在一起，经营者为了管理需要，往往将旅店房间的外窗设置防盗网、铁栅栏，在疏散走道、楼梯间或安全出口处设置栅栏、卷帘门等。火灾一旦发生，不仅会影响住店旅客的疏散逃生，同时也会给灭火救援人员现场施救造成困难。

2. 室内可燃材料多。旅店场所与其他场所相比，室内装修和陈设物品中可燃物较多，房间内的火灾荷载较大。特别是一些家庭旅店，其室内的顶棚、墙面、隔断、地面等多采用可燃材料装饰、装修，以顶棚使用 PVC 板、隔断使用石膏板配木龙骨最为常见；房间内的家居用品也多采用未经阻燃处理的棉、麻、木材等可燃材料；还有部分旅店将装修和维修过程中所需要的化学涂料、油漆等易燃物品违规储藏在旅店内，增加了旅店内的火灾危险性。

3. 用电设备多。小型旅店大多是在原有建筑内部进行布局改造，将其分隔成一定数量的客房，且每个房间一般都会配备电视机、空调机、电热水器、灯具插座等生活用电设备。众多房间的设置不仅改变了建筑原有格局，而且大幅度增加了建筑内的用电负荷，超出了原有建筑的电路荷载能力。此外，一些私人旅店建设施工质量不高，存在电气线路未按规定进行穿管敷设或者暗敷、部分电气设备选型和安装不当以及电器质量存在缺陷等问题，如果使用不当，很容易因局部过载、接触电阻过大、线路短路等而诱发火灾。

4. 家庭旅店隐蔽性强，消防监管难度大。小型旅店不但建筑规模有限，而且相当部分家庭旅店都是利用住宅建筑改建而成，从改建到经营的过程都具有一定的隐蔽性。特别是部分设置在商品住宅小区内的家庭旅店甚至采取直接网上发售的方式开办，隐蔽程度较高。由于公安派出所消防监督执法警力有限，日常工作中除专项治理行动或接到投诉、举报外，对辖区小型旅馆的消防监督管理工作难以全面落实，容易造成旅店内消防安全隐患长期存在。

（三）小型旅店的消防监督检查要点

对小型旅店业的消防监督检查，除按常规内容进行检查外，还应当结合小型旅店的消防安全特点，重点对旅店的客房、附设的餐厅和安全疏散设施进行检查。

1. 合法性检查。根据《消防法》《建设工程消防监督管理规定》和《消防监督检查规定》等消防法律、法规的规定，公共娱乐场所营业前应经公安机关消防机构消防安全检查合格后准许营业，其室内建筑面积小于 $1000m^2$ 的实行消防设计和竣工验收备案抽查制度。

2. 建筑防火检查。旅店的建筑结构、耐火等级、总平面布局、安全疏散以及消防设施设备必须符合消防规范的具体规定。旅店内的会议厅、多功能厅等人员密集场所设置的位置、防火间距及防火分区等应当符合相关消防法律、法规和技术规范等的要求。

3. 消防安全管理检查。旅店应该按照法律、法规的要求，建立健全各项消防安全制度和保障消防安全的操作规程，具体检查内容参考本章第一节有关要求进行，并重点检查以下两方面：第一，是否按规定实施防火检查，是否在营业期间至少每两小时开展一次防火巡查，巡查是否有记录，对发现的问题是否做出处理并记录处理结果；第二，是否每半年组织一次对员工的消防安全培训，是否组织对新上岗员工或有关从业人员进行上岗前的消防安全培训，员工是否具备组织疏散逃生的能力。

4. 内部装修检查。小型旅店的内部装修设计和施工，应当符合《建筑内部装修设计防火规范》和《建筑内部装修防火施工及验收规范》有关建筑内部装饰装修防火管理的规定。检查时，应重点检查以下几个方面：

（1）建筑内部装修不应遮挡消防设施、疏散指示标志及安全出口，不应减少安全出口、疏散出口和疏散走道设计所需的净宽度和数量，并且不应妨碍消防设施和疏散走道的正常使用。

（2）地上建筑的水平疏散走道和安全出口的门厅，其顶棚应采用 A 级材料装修，其他部位应采用 B1 级以上的材料装修。

（3）消防水泵房、排烟机房、固定灭火系统钢瓶间、配电室、变压器室、通风和空调机房等，其内部所有装修均应采用 A 级材料。

(4) 旅店建筑地下部分的办公室、客房、公共活动用房等，其顶棚应采用A级材料装修，其他部位应采用B1级以上的材料装修。

(5) 客房的顶棚或墙面采用海绵等多孔或泡沫状塑料时，厚度不应大于15 mm，面积不得超过该房间顶棚或墙面积的10%。进行室内装修时，应尽量避免使用聚氨酯海绵（即所谓“软包”）等易燃材料。

(6) 照明灯具的高温部位靠近易燃、可燃、难燃装修材料时，应采取隔热、散热等防火保护措施。灯饰所用材料应为不燃和难燃材料，不能使用易燃或可燃材料。

(7) 旅店业场所内应悬挂各种警示标识牌，如禁止吸烟、禁止使用明火、禁止燃放烟花爆竹、禁止存放易燃易爆危险品等，客房门背面应悬挂或张贴安全疏散示意图。

5. 安全疏散检查。旅店内的疏散通道、安全出口应保持畅通，禁止占用疏散通道，覆盖疏散指示标志。营业期间严禁将安全出口上锁，房间的外窗不应设置影响消防安全疏散和应急救援的固定栅栏、广告牌等障碍物。检查时，重点检查以下内容：

(1) 安全出口。根据《建筑设计防火规范》的有关规定，旅店业场所内每一个防火分区或一个防火分区的每个楼层，其安全出口数量应经计算确定，且不少于2个。但符合下列要求的可设1个：

①单层建筑面积不超过200m^{2}且人数不超过50人时的单层公共建筑或多层公共建筑的首层；

②防火分区建筑面积不大于50m^{2}且经常停留人数不超过15人的地下或半地下建筑。

(2) 疏散门。疏散门内外1.4m范围内不应设置踏步，疏散门应向疏散方向开启，不应使用侧拉门、转门、吊装门和卷帘门，公共场所的疏散门应当采用消防安全推门、门禁系统等先进的安全疏散设施。旅店内房间的疏散门数量应经计算确定且不少于2个。符合以下条件可设置1个疏散门：

①位于两个安全出口之间或袋形走道两侧的房间，其房间面积不大于120m^2；

②位于走道尽端的房间，建筑面积小于50m^{2}且疏散门的净宽度不小于0.9m，或由房间内任一点至疏散门的直线距离不大于15m，房间建筑面积不大于200m^2，且疏散门的宽度不小于1.4m。

(3) 疏散楼梯。旅店场所设在多层公共建筑的疏散楼梯，除与敞开式外廊直接相连的楼梯间外，应采用封闭楼梯间。其中，设在一类高层公共建筑和建筑高度大于32m的二类高层公共建筑内的旅店，其疏散楼梯应采用防烟楼梯间；裙房和建筑高度不大于 32m 的二类高层公共建筑，其疏散楼梯间应采用封闭楼梯间；高层民用建筑封闭楼梯间、防烟楼梯间的门应采用不低于乙级的防火门，多层民用建筑内封闭楼梯间可采用双向弹簧门；地下、半地下室与地上层不应共用楼梯间，当必须共用楼梯间时，应在首层与地下或半地下层的出入口处，设置耐火极限不低于 2.00h 的隔墙和乙级防火门将其隔开，并应有明显标识。楼梯间的首层应设置直接对外的出口。其中，单层、多层民用建筑的旅店，其楼梯和疏散走道最小净宽不应小于 1.1m，高层民用建筑的旅店，其楼梯最小净宽不应小于 1.2m。

小型旅店内部每一个防火分区或一个防火分区的每个楼层，其疏散楼梯的数量应经计算确定，且不少于 2 部，但符合下列要求的可设 1 部：

① 建筑层数不超过 3 层，每层建筑面积不超过 $200m^2$，且第二层和第三层人数之和不超过 50 人的一、二级耐火等级建筑；

② 建筑层数不超过 3 层，每层建筑面积不超过 $200m^2$，且第二层和第三层人数之和不超过 25 人的三级耐火等级建筑；

③建筑层数不超过 2 层，每层建筑面积不超过 $200m^2$，且第二层和第三层人数之和不超过 15 人的四级耐火等级建筑。

（4）消防应急照明和疏散指示标志。旅店建筑的下列部位应设有疏散照明设施：封闭楼梯间、防烟楼梯间及其前室、消防电梯间及其前室或合用前室；设有封闭楼梯间或防烟楼梯间建筑的疏散走道及其转角处；多功能厅、餐厅、营业厅等人员密集场所；消防控制室、自备发电机房、消防水泵房以及发生火灾时仍需继续工作的其他房间。消防应急照明和疏散指示标志具体检查内容及方法参考本章第一节相关内容。

6. 重点部位检查。旅店场所消防监督检查的重点部位有厨房、餐厅、客房、配电室、库房、消防控制室及水泵房等。

（1）客房。客房是旅店的重要组成部分，一般包括标准间、单人间、套间、豪华套间、出租客房及写字间等。分析发生在宾馆客房的火灾，其起火原因主要是由于电气线路短路、违章使用明火、违章使用大功率电热器具和乱扔烟头等引燃客房内的可燃材料及家具。对客房应重点从以下几个方面进行检查：

① 客房内所有的装饰、装修材料均应符合《建筑内部装修设计防火规范》的规定。

② 电气设备的安装使用要安全可靠，插座不宜安装在靠近窗帘的地方。卫生间内不宜安装插座，确需安装时，尽可能远离沐浴喷头。客房内除了固定电器和允许旅客使用的电吹风、电动剃须刀等日常生活所需的小型电器外，禁

止使用其他电器设备，尤其是电热设备。

③ 检查是否有禁止旅客将易燃易爆物品带入旅店客房的措施。

④ 客房服务人员和宾馆的保安巡查人员应当保持高度警惕，是否按规定要求加强防火巡查工作，对发现的不安全因素是否及时采取措施。

⑤ 客房各楼层的明显位置是否设置安全疏散指示图，并在指示图上标明疏散路线、安全出口、人员所在位置和必要的文字说明。

(2) 消防控制室。核实消防控制室每班值班人员是否不少于 2 人，查看是否持证上岗；查阅消防控制室值班记录，内容是否详细、准确，值班制度是否落实。检查消防控制柜，查看控制柜上的启动按钮是否有明显标识；查看系统是否正常运行；按下打印机自检按钮，检查控制柜打印设备是否正常；手动操作火灾报警控制器自检装置，查看控制器火灾报警声、光信号情况；切断火灾报警控制器的主电源，查看备用电源自动投入运行情况。

(3) 厨房、餐厅。对于配有厨房、餐厅等场所的旅店，在消防监督检查过程中应将其作为重点部位进行检查。具体检查方法可以参照本节餐饮场所相关内容。

7. 消防设施。旅店应按下列规定配备消防设施：

(1) 体积大于 $5000m^3$ 的旅店建筑应设置室内消火栓系统。设置在高层公共建筑中的旅店业场所应设置室内消火栓系统。

(2) 设置在高层公共建筑内的旅店业场所应设置自动灭火系统，并宜采用自动喷水灭火系统。任一层建筑面积大于 $1500m^2$ 或总建筑面积大于 $3000m^2$ 的旅店建筑应设置自动灭火系统，并宜采用自动喷水灭火系统。

(3) 任一层建筑面积大于 $1500m^2$ 或总建筑面积大于 $3000m^2$ 的旅店建筑应设置火灾自动报警系统。

小型旅店的消防设施和灭火器材的具体检查方法可以参考本节公共娱乐场所的相关内容。

三、小型餐饮场所的消防监督检查

小型餐饮场所投资少，占地小，方便快捷，广泛分布于居民生活区内，给人们的生活带来很大便利。然而这些小型餐饮场所虽然规模不大，但是数量众多、成片相连，厨房内动火设备相对简陋，稍有不慎就可能引发火灾事故，严重影响周边居民的安全。例如，2003 年 2 月 2 日 17 时 58 分，哈尔滨天潭大酒店的工作人员在取暖煤油炉未熄火的状态下，加注溶剂油，引起爆燃导致火灾，造成 33 人死亡、10 人受伤；2011 年 11 月 14 日早晨 7 时 30 分许，陕西省西安市嘉天国际大厦 1 号楼底商樊家腊汁肉夹馍店发生液化石油气泄漏爆炸重大事故，共造成 10 人死亡、36 人受伤。

（一）餐饮场所的火灾危险性

1. 用电设备多，火灾危险性大。餐饮场所内用电设备多，特别是厨房内冷冻机、冰柜、绞肉机、电烤箱、洗碗机等各类大功率用电设备，造成了餐饮场所内供电线路排线复杂，不同程度地存在私搭乱接现象，易发生过负荷、短路或者断路等问题。

2. 火源多，火灾危险性大。一是火源长期存在。由于烹饪过程都是在高温高热环境下进行的，因此，厨房内的灶台等区域长期存在火源；有的风味餐厅临时使用明火较多，如蜡烛、酒精炉等。二是厨房内大量使用液化石油气钢瓶。很多餐饮场所没有按规定对液化石油气设备进行定期检测，钢瓶输气软管没有定期更换。部分经营者为了节省费用，违规在液化石油气钢瓶下设置热水盆，或是将液化石油气、煤油等做燃料取暖。三是厨房中烟道没有定期清理。厨房中的集烟罩或是烟道有的长期积累油污、油垢，一旦遇到火源，火势极易蔓延，形成垂直燃烧，引燃周围可燃物体。

（二）餐饮业场所消防监督检查要点

1. 合法性检查内容及要求同本节小型旅店场所。

2. 建筑防火检查。餐饮业场所的建筑结构、耐火等级、总平面布局、安全疏散及消防设施设备必须符合国家建筑设计防火规范的具体规定。重点检查安全出口处是否设置门槛、台阶、屏风等影响疏散的遮挡物；疏散门内外 1.4m 范围内是否设置踏步；疏散门是否采用卷帘门、转门、吊门、侧拉门，是否向疏散方向开启；疏散通道、安全出口是否畅通；营业期间是否将安全出口上锁；餐厅是否张贴或悬挂安全疏散示意图，在出入口、楼梯口、疏散走道、疏散门等部位是否设灯光疏散指示标志。

3. 消防安全管理检查。餐饮业应该按照法律、法规的要求，结合餐饮业特点，重点对厨房内动火操作人员、餐厅服务人员加强消防安全教育，对室内包括厨房炉灶、火锅、烧烤、液化石油气瓶等火源应定点设置，加强管理。同时，还应建立健全各项消防安全制度和保障消防安全的操作规程。具体检查方法参考本章第一节相关内容。

4. 重点部位检查。对餐饮业场所的消防监督检查，除按照常规内容进行检查外，应当按照餐饮业场所的消防安全特点，重点对厨房、餐厅等消防安全部位进行检查。

（1）厨房。厨房是餐饮业场所火灾的高发部位之一，重点从以下几个方面对厨房进行检查：

① 燃料管线检查。厨房敷设的燃料管线、配置的灶具设备等必须符合相关规范规定。使用可燃气体作燃料时，应采用管道供气，管道严禁穿越客房和其他公共活动场所。厨房内的燃气、燃油管道、法兰接头、仪表、阀门等必须定期检查和保养，确保无破损和泄漏。例如，设置可燃气体中间储罐，其设置位置、储量和防火构造应满足相关规范的规定；当采用瓶装液化石油气作燃料时，必须设置专门的储罐间，其设置位置、储量、防火间距和其他防火构造必须符合相关规范规定。严禁在厨房内储存大量瓶装液化石油气钢瓶。

② 液化石油气钢瓶检查。餐饮网点要使用国家安全检测部门检测合格的液化石油气钢瓶。按照《城镇燃气设计规范》的有关规定，燃气液化气钢瓶应每 4 年检验 1 次，使用 15 年后必须报废；钢瓶不得设置在地下室、半地下室或通风不良的网点；在使用瓶组供应时总容量超过 $1m^3$ 时，应将其设置在高度不低于 2.2m 的独立瓶组间内；燃气灶连接的软管长度不应超过 2m，并不应有接口；燃气用软管应采用耐油橡胶管；软管与管道、燃气灶的连接处应采用压紧螺帽或管卡固定。

③ 集烟罩和烟道的检查。排油烟管不得暗设，水平支管不得穿越客房、其他房间和公共活动场所；排油烟管应直通厨房室外的排烟竖井，排烟竖井应设有防止回流设施，且水平排风管与垂直排风管连接的支管处应设置动作温度150℃的防火阀；除柔性接头可采用难燃烧材料制作外，排油烟管应采用不燃烧材料制作；排油烟系统应设有导除静电的接地装置；厨房排油烟罩应每日擦拭一次，排油烟管道内的油垢应由专业公司每季度清洗一次，并有记录。

④ 电气线路的检查。对厨房内用电、配电设施要进行严格检查，不得超负荷用电和擅自拉接临时电线；卤钨灯和额定功率 100W 及以上的白炽灯泡的吸顶灯、槽灯、嵌入式灯的引入线应采用瓷管、石棉、玻璃丝等非燃烧材料作隔热保护；超过 60W 的白炽灯、卤钨灯、荧光灯、高压汞灯（包括镇流器）、电气开关等不应直接安装在可燃物装修或可燃构件上；配电盘下不得堆放杂物。

⑤ 灭火器材的检查。餐饮业场所根据物质燃烧特性一般可选用 ABC 型干粉灭火器或泡沫灭火器，有条件的场所还可以在厨房灶台边配置一定数量的灭火毯，以便在油锅起火后能够及时扑灭。厨房内按规定设置的火灾探测系统、可燃气体探测系统、自动喷水灭火系统等需按规定进行监督检查，其中排油烟罩及烹饪部位应设厨房专用灭火系统，且应在燃气或燃油管道上设置紧急事故自动切断装置。

(2) 餐厅。餐厅内部常有较多的装修、隔断，可燃物数量较多，应重点检查以下几个方面：

① 炉具、灶具。餐厅使用的各类炉具、灶具，操作不当时极易引发火灾，服务员应经过专门培训，掌握卡式便携炉、酒精炉、电磁炉、瓶装石油液化气灶具的工作原理和操作规程。

② 安全疏散。检查餐厅用餐人员是否超标，疏散通道是否被占用、堵塞，应急照明系统和疏散指示标志是否好用。

③ 电气设备。餐厅内严禁乱拉乱接电线，如需增添临时照明设备或彩灯类装饰灯具，必须按规定程序经批准后由正式电工安装。超过 60W 的白炽灯、卤钨灯、荧光高压汞灯等不应直接安装在可燃装修或可燃构件上。照明器表面的高温部位靠近可燃物时，应采取可靠的隔热、散热等防火措施。

④ 火源。餐厅内燃用蜡烛时，必须置于用不燃材料制作的固定基座内，且不得靠近可燃物。餐桌上应放置烟缸，以便客人扔放烟头和火柴梗。服务员收台时不得将烟蒂、火柴梗卷入台布内。

5. 消防设施检查。一是设置在高层公共建筑内的餐饮业场所应设置室内消火栓系统，设置在建筑高度大于 15m 或体积大于 10000m^3 的单、多层民用建筑内的餐饮业场所应设置室内消火栓系统；二是设置在高层公共建筑（除二类高层公共建筑的地下和半地下室）和任一层建筑面积大于 1500m^2 或总建筑面积大于 3000m^2 的单、多层民用建筑内的应设置自动灭火系统，宜采用自动喷水灭火系统。

四、商业服务网点的消防监督检查

所谓商业服务网点，就是设置在住宅建筑的首层或首层及二层，每个分隔单元建筑面积不大于 300m^2 的商店、副食店、邮政所、储蓄所、理发店等小型营业性用房。由于大量商业服务网点存在“三合一”现象，“小火亡人”的事故时有发生。例如，2008 年 12 月 5 日，安徽铜陵的一座两层沿街商业服务网点发生火灾，造成一家五口全部遇难；2013 年 4 月 27 日，江苏苏州一座单层商业服务网点发生火灾，火势蔓延至二层棋牌室，造成 8 人死亡、2 人受伤。

（一）商业服务网点设置要求

商业服务网点的设置，需要满足以下几个消防安全方面的要求：一是使用性质的要求。商业服务网点只能作为百货店、副食店、粮店、邮政所、储蓄所、理发店、洗衣店、药店、洗车店和餐饮店等小型营业性用房，严禁作为网吧、KTV、宾馆等公共娱乐场所和人员密集场所使用。二是对层数的控制。商业服务网点层数只能为地上一层、二层。三是对面积的控制。每个商业服务网点的总建筑面积不得超过 300m²。四是防火分隔的要求。商业服务网点与住宅之间，以及商业服务网点与商业服务网点之间，都需采用耐火极限不低于 1.50h 的楼板和耐火极限不低于 2.00h 且无门、窗、洞口的隔墙进行分隔。五是疏散方面的要求。居住部分的疏散楼梯与安全出口应与商业服务网点分别独立设置，不得共用。

（二）商业服务网点的火灾危险性

1. 建筑高度超高，改变了建筑使用功能。在建设工程设计和施工过程中，部分建筑设计单位和开发公司为增加商业服务网点的经济价值，提升建筑首层商业服务网点的层高，以便让业主自行增加隔层。在对建筑物装修过程中将底层商铺加装轻钢龙骨楼板，改作为仓库、住宿使用，使底层用房形成了集仓库、经营、住宿于一体的典型"三合一"建筑。场所内火源管理混乱，生活用品、取暖设备随处都是，室内疏散通道不畅，消防设施损坏无法使用，形成了严重的火灾隐患。

2. 改变使用性质，增大了火灾危险性。根据《建筑设计防火规范》的相关规定，商业服务网点使用性质是限定的，但是，现实中很多商业服务网点被改建为小宾馆、小网吧、小歌厅等，这类建筑人员密集、装修材料复杂，使用过程中用电设备多，火灾危险性较大。

3. 违章施工，擅自扩大使用面积。业主为了经营需要，在同一建筑内购买或者租赁相邻的数个商业服务网点，并在建筑装修过程中将比邻的数个商业服务网点打通，形成一个更大的商业空间，致使部分商业服务网点的单层面积达到上千平方米甚至更大。整栋建筑的性质由单纯的住宅建筑变为商住建筑，建筑性质的变更使原有建筑的消防设计很难满足现实使用的需要，不论是建筑内的消防设施还是建筑防火设计功能都违反了规范的相关规定。

4. 物业管理松散，制度不健全。商业服务网点的房屋产权和物业管理形式多样，有些商业服务网点的产权属于开发商，开发商自己经营或出租给商户经营；还有一些商业服务网点的开发商将房屋和产权一同出售给他人，开发商不再进行维护管理。日常工作中，很多物业服务企业管理人员责任心不强，特别是对于已售出的商业服务网点，日常管理比较松散。商业服务网点作为建筑的一部分，室内消火栓、自动水喷淋系统等固定消防设施以及系统中的消防水箱、消防水泵等与建筑中住宅部分共同使用。物业服务企业对于消防设施维护管理的混乱不仅影响了商业服务网点内的消防安全，而且长期下来，也会使商业服务网点所在的居住建筑火灾隐患日趋严重。

（三）商业服务网点的消防监督检查要点

1. 功能性质检查。检查商业服务网点是否存在超出使用性质范围的经营活动。

2. 设置高度和面积的检查。一是检查层数。商业服务网点的地上建筑层数不得超过 2 层，即只能为地上一层或地上二层。根据《住宅设计规范》（GB 50096—2011）的相关规定，当建筑高度超过 7.5m 时，建筑层数应按 3 层计算，所以，严禁商业服务网点的建筑高度超过 7.5m。二是检查建筑面积。每个商业服务网点的总建筑面积不得超过 $300m^2$（上下两层室内直接相通的商业服务网点的“建筑面积”为该商业服务网点一层和二层商业用房的建筑面积之和）。商业服务网点应采用耐火极限不低于 1.50h 的楼板和耐火极限不低于 2.00h，且无门、窗、洞口的隔墙与居住部分及其他功能用房完全分隔，严禁经营者将比邻商业服务网点打通共同使用。

3. 安全疏散检查。商业服务网点中每个防火分隔单元之间应采用耐火等级不低于 2.00h，且无门、窗、洞口的防火隔墙相互分隔；当每个分隔单元任一层建筑面积大于 $200m^2$ 时，该层应设置 2 个安全出口或疏散门；每个分隔单元内的任一点至最近直通室外的出口的直线距离，不应大于《建筑设计防火规范》中有关多层其他建筑位于袋形走道两侧或尽端的疏散门至最近安全出口的最大直线距离；商业服务网点中主要疏散走道的净宽度不能小于 2m，其他疏散走道净宽度不小于 1.5m；商业服务网点的安全出口的设置和检查要求见本章第一节。

3. 电气线路及照明设施检查。对于商业服务网点的用电、配电设施应进行严格检查，检查内容及要求见本章第一节。

4. 消防管理检查。对商业服务网点的消防管理情况检查时，一是应特别注意对于实行承包、租赁或者委托经营、管理的商业服务网点，其产权单位应当提供符合消防安全要求的建筑物，商业服务场所的经营者在订立的合同中应依照有关规定明确各方消防安全责任，对于疏散通道、安全出口、建筑消防设施和消防车通道，应确定责任人进行管理。二是对于有统一物业服务企业的商业服务网点，物业服务企业应该对商业服务网点的消防安全状况进行经常性的巡查和管理。对于没有物业服务企业的商业服务网点，其产权单位和商业服务网点的经营者应共同对公共消防安全实行统一管理，也可以采取委托第三方进行管理。

5. 消防设施和灭火器材的检查。检查要点包括以下内容：

（1）商业服务网点设置在高层公共建筑、建筑高度大于 21m 的住宅建筑和建筑高度大于 15m 或体积大于 $10000m^3$ 的单、多层民用建筑内时是否设置室内消火栓系统（建筑高度不大于 27m 的住宅建筑，设置室内消火栓系统确有困难的，可只设置干式消防竖管和不带消火栓箱的 DN65 室内消火栓）；面

积大于 $200m^2$ 的商业服务网点内是否设置消防软管卷盘或轻便消防水龙。

(2) 设置在高度大于 100m 的住宅建筑内时是否设置火灾自动报警系统和自动喷水灭火系统。

第二节 小型生产加工及仓储场所消防监督检查

小型生产加工及仓储场所是随着我国经济的发展而出现的一种小型私营经济组织形式。由于这类场所准入门槛低、投资少，开办小型生产加工及仓储企业已经逐步成为广大城乡务工人员和城镇新增居民的谋生和创业方式。小型生产加工及仓储企业，由于其设备简单、技术要求不高、生产安全方面投入有限，因而逐渐成为火灾隐患的重灾区。

一、小型生产加工场所的消防监督检查

(一) 小型生产加工场所的界定

小型生产加工场所，泛指建筑面积较小，生产规模不大，从业人员较少，具有加工、生产、制造性质的场所，主要生产制造纺织、服装、鞋帽、玩具、食品等贴近人们日常生活的物品。

此类场所通常具有三个比较明显的特点：一是人员组成的家族性。该类场所多以家族成员为核心，或以家庭住房为场所招收亲戚、同乡或其他社会人员做工，从业人员数量不多，带有明显的个体性质。二是生产方式的作坊性。生产方式较为落后，“三合一”建筑比较普遍，通常以手工业为主，生产环境比较简陋。三是规模经营的工厂性。这类“工厂”有一定的生产规模，主要从事木材、纺织、服装、玩具、食品加工等行业，生产工艺相对落后，设备安全系数不高，带有一定的工业生产性质。

(二) 小型生产加工厂场所的火灾危险性

1. 法律意识淡薄，消防管理制度不健全。小型生产加工企业的经营者文化水平有限，消防安全意识淡薄，对消防法律、法规和消防安全知识了解不多。作为生产加工企业，企业的经营者大都没有办理相关消防手续，生产加工场所容易形成先天性火灾隐患。此外，经营者过于追求企业的经济效益，而忽视与企业正常运转密切相关的消防安全管理工作。

2. 违章建筑多，火灾危险性大。小型生产加工场所很多都建设在城乡结合地区，位置偏僻，违章建筑较多，很多企业还存在未经审批擅自开工的现象。其火灾危险性主要表现为：

（1）平面布局不合理。生产加工场所的耐火等级大多较低，周边防火间距不足，没有设置消防车道；很多厂房采用木质或是彩钢板做屋顶，墙体采用泡沫夹芯彩钢等易燃、可燃材料，火灾负荷较大，发生火灾时容易引起火势蔓延，造成厂房垮塌。

（2）消防器材配备不足。该类生产加工场所大都由临时简易建筑搭建而成，且厂房内部没有设置任何消防设施，火灾发生后无法得到及时有效的扑救。

3. “三合一”建筑较多。很多小型加工生产场所附设在其他建筑中，集生产、住宿、储存为一体，是典型的“三合一”场所，受原有建筑限制，建筑内疏散通道和安全出口数量不足，还有的企业为了经营管理需要擅自封闭疏散通道或安全出口，增大了生产加工场所内部的火灾隐患。

（三）小型生产加工场所的消防监督检查要点

1. 建筑物的合法性检查。根据《消防法》《建设工程消防监督管理规定》和《消防监督检查规定》的相关规定，建筑面积小于 $2500m^2$ 的劳动密集型企业的生产加工车间实行消防设计和竣工验收备案抽查制度。重点核实此类场所是否依法通过消防验收或者竣工验收消防备案，生产加工的使用情况是否与消防验收或竣工验收消防备案时确定的使用性质相符合，能否满足必要的消防安全标准。

2. 设置检查。检查内容及要求如下：

（1）平面布置。生产加工场所的办公室、休息室等不应设置在甲、乙类厂房内，确需贴邻本厂房时，其耐火等级不应低于二级，并应采用耐火极限不低于3.00h 的防爆墙与厂房分隔，且应设置独立的安全出口。办公室、休息室设置在丙类厂房内时，应采用耐火极限不低于 2.50h 的防火隔墙和 1.00h 的楼板与其他部位分隔，并应至少设置一个独立的安全出口。例如，隔墙上如需开设相互连通的门时，则应采用乙级防火门。

（2）防火间距。生产加工场所中的甲类厂房与重要公共建筑的防火间距不应小于 50m ，与明火或散发火花地点的防火间距不应小于 30m。丙、丁、戊类厂房与民用建筑的耐火等级均为一、二级时，丙、丁、戊类厂房与民用建筑的防火间距可适当减小，但应符合下列规定：

① 当较高一面外墙为无门、窗、洞口的防火墙，或比相邻较低一座建筑屋面高 15m 及以下范围内的外墙为无门、窗、洞口的防火墙时，其防火间距不限。

② 相邻较低一面外墙为防火墙，且屋顶无天窗或洞口、屋顶的耐火极限不低于 1.00h ，或相邻较高一面外墙为防火墙，且墙上开口部位采取了防火

措施，其防火间距可适当减小，但不应小于4m。

(3) 安全疏散。生产加工场所的生产车间、厂房内应保持疏散通道畅通，疏散楼梯的最小净宽度不宜小于1.1m，疏散走道的最小净宽度不宜小于1.4m，门的最小净宽度不宜小于0.9m。首层外门的总净宽度应按该层及以上疏散人数最多一层的疏散人数计算，且该门的最小净宽度不应小于1.2m。生产车间、厂房的安全出口应分散布置，且不应少于2个。当符合以下条件时，可设置1个安全出口：

① 甲类厂房每层建筑面积小于等于100m²，且同一时间的生产人数不超过5人；

② 乙类厂房每层建筑面积小于等于150m²，且同一时间的生产人数不超过10人；

③ 丙类厂房每层建筑面积小于等于250m²，且同一时间的生产人数不超过20人；

④ 丁、戊类厂房每层建筑面积小于等于400m²，且同一时间的生产人数不超过30人；

⑤ 地下室、半地下室厂房或厂房的地下室、半地下室，其建筑面积小于等于50m²，且经常停留人数不超过15人。

3. 消防安全管理检查。小型生产加工企业的法定代表人或者主要负责人应为本单位的消防安全责任人和消防安全管理人。消防安全责任人和消防安全管理人应当依照《消防法》有关规定履行消防安全职责，负责检查和落实本单位防火措施、灭火预案的制定和演练以及建筑消防设施、消防通道、电源和火源管理等，并定期开展防火检查、巡查。根据本企业生产加工特点，应重点加强对生产过程中的原料、半成品、成品摆放位置及机电设备周围物品种类加强规范；对生产加工过程中使用的电热器具，如电熨斗等应固定使用地点，采取可靠的防火措施。

企业应参照社会单位“四个能力”建设标准，重点加强对本企业新入职员工的消防安全教育，有针对性地了解和掌握本单位的火灾危险性和防火措施，熟练使用各类消防设施和灭火器材，以及组织和引导人员疏散的路线和方法。具体检查方法参照本章第一节相关内容。

4. 消防安全重点部位检查。生产加工场所在生产过程中可能会产生易燃、可燃气体或液体，少部分场所的生产设备还会有爆炸性危险。所以，在消防检查过程中应重点加强对以下部位的检查：

(1) 生产加工场所内散发较空气轻的可燃气体、可燃蒸气的甲类厂房，宜采用轻质屋面板作为泄压面积，顶棚应尽量平整、无死角，厂房上部空间应通风良好。散发较空气重的可燃气体、可燃蒸气的甲类厂房和有粉尘、纤维爆炸危险的乙类厂房，应符合下列规定：

① 应采用不产生火花的地面。采用绝缘材料作整体面层时，应采取防静电措施；

② 散发可燃粉尘、纤维的厂房，其内表面应平整、光滑，并易于清扫；

③ 厂房内不宜设置地沟，确需设置时，其盖板应严密，地沟应采取防止可燃气体、可燃蒸气和粉尘、纤维在地沟内积聚的有效措施，且应在与相邻厂房连通处采用防火材料密封。

（2）生产加工场所内有爆炸危险的甲、乙类生产部位，宜布置在单层厂房靠外墙的泄压设施或多层厂房顶层靠外墙的泄压设施附近。有爆炸危险的设备宜避开厂房的梁、柱等主要承重构件布置。有爆炸危险的甲、乙类厂房的总控制室应独立设置。有爆炸危险的甲、乙类厂房的分控制室宜独立设置，当贴邻外墙设置时，应采用耐火极限不低于 3.00h 的防火隔墙与其他部位分隔。

（3）生产加工场所内有爆炸危险区域内的楼梯间、室外楼梯或有爆炸危险的区域与相邻区域连通处，应设置门斗等防护措施。门斗的隔墙应为耐火极限不低于 2.00h 的防火隔墙，门应采用甲级防火门并应与楼梯间的门错位设置。使用和生产甲、乙、丙类液体的厂房，其管、沟不应与相邻厂房的管、沟相通，下水道应设置隔油设施。

5. 电气线路及照明设施检查。其检查要点包括以下内容：

（1）生产加工企业场所内配电箱不应直接安装在可燃、易燃装修材料上，配电盘下不得堆放杂物。

（2）电闸箱内保险丝应使用合格的保险丝，不得使用铁丝或其他物品代替保险丝。

（3）进行电气线路敷设工程时，必须由经过国家正规培训的专业电工进行架设，且严禁私接乱拉电线，以防造成接头不严、铜铝混接、负荷过低、开关安装不规范等情况。

（4）生产加工厂房内的加工设备应充分考虑线路的承载能力，必要时应重新布线；大功率电器应尽量分布在不同的线路上，避免各种大功率电器因连接在同一线路上造成局部线路过载而发生事故。

（5）吊顶内电线的敷设应进行穿管敷设或暗敷。

6. 建筑消防设施检查。生产加工场所的灭火设施和器材设置因生产性质不同而区别较大，应按照相关规范要求进行设置，常见小型生产企业建筑消防设施设置要求如下，具体检查内容和方法可以参照本章第一节。

（1）下列生产加工场所应设置室内消火栓系统：

① 占地面积大于 300m^2，耐火等级为一、二级且可燃物较少的单、多层丁、戊类厂房；

② 耐火等级为三、四级且建筑体积不大于 5000m^3 的戊类厂房可不设置室内消火栓系统，但宜设置消防软管卷盘或轻便消防水龙。

(2) 下列生产加工场所中应设置自动灭火系统，并宜采用自动喷水灭火系统：

① 占地面积大于 1500m^2 或总建筑面积大于 3000m^2 的单、多层制鞋、制衣、玩具及电子等类似生产的厂房；

② 占地面积大于 1500m^2 的木器厂房，泡沫塑料厂的预发、成型、切片、压花部位，以及高层乙、丙类厂房；

③ 建筑面积大于 500m^2 的地下或半地下丙类厂房。

(3) 下列生产加工场所应设置雨淋自动喷水灭火系统：

① 火柴厂的氯酸钾压碾厂房；

② 建筑面积大于 100m^2 且生产或使用硝化棉、喷漆棉、火胶棉、赛璐珞胶片、硝化纤维的厂房。

(4) 生产加工场所中任一层建筑面积大于 1500m^2 或总建筑面积大于 3000 m^2 的制鞋、制衣、玩具及电子等类似用途的厂房应设置火灾自动报警系统。此外，生产加工场所内可能散发可燃气体、可燃液体的场所，应设置可燃气体报警装置。

二、小型仓储场所的消防监督检查

(一) 小型仓储场所的火灾危险性

1. 违章建筑多，先天性火灾隐患大。小型仓储场所的位置相对偏僻，很多经营单位在仓储场所建设之初没有按规定办理包括消防审核在内的任何审批手续，导致很多仓储场所成为违章建筑，形成先天性火灾隐患。此外，小型仓储场所的经营者为了扩大业务，往往在原有仓储场所的基础上私自进行扩建，致使建筑防火分区面积过大，且与相邻建筑之间防火间距不足，超出了规范的规定要求。火灾一旦发生，不仅会造成火烧连营的局面，还将给消防队员的灭火救援工作带来很大的困难。

2. 消防基础建设较差，给水设施缺乏。大部分小型仓储场所都分布于城乡交汇的偏远地区，有的由于地方市政规划、资金、人力和财力资源等问题，很多仓储场所的周边地区没有敷设市政消防给水管网，这些仓储场所的消防水源只能以天然水源为主，而有的受地区环境和季节变换的影响，天然水源水质较差，无法按规范要求保证消防用水的水量。

3. 消防管理混乱，安全意识淡薄。小型仓储场所的经营者或管理者在日常管理工作中过于追求企业的经济效益，而忽略消防安全工作，漠视消防隐患的存在。集中表现为仓库内物品超量堆放现象严重，易燃可燃物混存，货物与货物之间堆放时没有设置必要的防火间距，以及堵塞疏散通道等。

4. “三合一”情况普遍，人为地增加了火灾危险隐患。有的经营者擅自改变建筑的使用性质，在仓储区域内私自设置办公、住宿区域，部分仓储场所甚至集储存、居住、办公、员工集体住宿等而形成“多合一”建筑，破坏了原有的防火和疏散设施，增加了火灾隐患。

（二）仓储场所消防监督检查要点

1. 建筑物合法性检查。根据《消防法》《建设工程消防监督管理规定》和《消防监督检查规定》的相关规定，非储存易燃易爆危险品的仓储建筑实行消防设计和竣工验收备案抽查制度。

2. 建筑防火检查。根据仓储场所的特点，重点检查以下内容：

（1）平面布置。甲类仓库、多层乙类仓库和储存可燃液体的多层丙类仓库，其耐火等级不应低于二级。单层乙类仓库，单层丙类仓库，储存可燃固体的多层丙类仓库和多层丁、戊类仓库，其耐火等级不应低于三级。一、二级耐火等级仓库的上人平屋顶，其屋面板的耐火极限分别不应低于 1.50h 和 1.00h。

（2）防火间距。甲类仓库与高层民用住宅和重要公共建筑的防火间距不应小于 50m。乙类仓库（除第六项物品）与民用建筑的防火间距不宜小于 25m，与重要的公共建筑的防火间距不应小于 50m。丁、戊类仓库与民用建筑耐火等级均为一、二级时，仓库与民用建筑的防火间距可适当减小，但应符合下列规定：

① 当较高一面外墙为无门、窗、洞口的防火墙，或比相邻较低一座建筑屋面高 15m 及以下范围内的外墙为无门、窗、洞口的防火墙时，其防火间距不限；

② 相邻较低一面外墙为防火墙，且屋顶无天窗或洞口、屋顶的耐火极限不低于 1.00h ，或相邻较高一面外墙为防火墙，且墙上开口部位采取了防火措施，其防火间距可适当减小，但不应小于 4m。

（3）防火分隔。仓储场所内的员工宿舍严禁设置在仓库内。办公室、休息室等严禁设置在甲、乙类仓库内，也不应相贴邻。办公室、休息室设置在丙、丁类仓库内时，应采用耐火极限不低于 2.50h 的防火隔墙和 1.00h 的楼板与其他部位分隔，并应设置独立的安全出口。如隔墙上需开设相互连通的门时，应采用乙级防火门。

(4) 储物堆垛间距。仓储场所库存物资每垛占地面积不宜大于 $100m^2$，堆垛与堆垛的间距不少于 1m，垛与墙的间距不少于 0.5m，堆垛与梁、柱的间距不少于 0.3m，主要通道宽度不少于 0.3m，垛与灯具垂直下方的间距不少于 0.5m。

(5) 防爆泄压。甲、乙、丙类液体仓库应设置防止液体流散的设施。遇湿会发生燃烧爆炸的物品仓库应采取防止水浸渍的措施。同时，有爆炸危险的仓库或仓库内有爆炸危险的部位，宜按有关规定采取防爆措施，设置泄压装置。

3. 安全疏散检查。每座仓库的安全出口不应少于 2 个，当一座仓库的占地面积不大于 $300m^2$ 时，可设置 1 个安全出口。仓库内每个防火分区通向疏散走道、楼梯或室外的出口不宜少于 2 个，当防火分区的建筑面积不大于 $100m^2$ 时，可设置 1 个出口。通向疏散走道或楼梯的门应为乙级防火门。

此外，地下或半地下仓库的安全出口不应少于 2 个；当建筑面积不大于 $100m^2$ 时，可设置 1 个安全出口。地下或半地下仓库，当有多个防火分区相邻布置并采用防火墙分隔时，每个防火分区可利用防火墙上通向相邻防火分区的甲级防火门作为第二安全出口，但每个防火分区必须至少有 1 个直通室外的安全出口。

4. 消防安全管理检查。仓储场所单位应当依照《消防法》《机关、团体、企业、事业单位消防安全管理规定》的有关要求履行消防安全职责。重点加强以下两项消防管理工作：

(1) 对仓储场所内所存货物的种类、数量和危险性以及扑救措施的培训和演练；

(2) 仓储区应当设置醒目的禁火标识，场所内严禁吸烟和使用明火，确需动火作业的，应当办理动火手续，并指定专人进行监护。

5. 电气线路及照明设施检查。储存易燃易爆物品仓库的电气线路和用电设备的选用和安装应满足《爆炸危险环境电力装置设计规范》(GB 50058) 的防爆要求。

6. 消防设施检查。检查仓储场所是否设置与储存规模、火灾危险性、物料性质等相适应的消防设施器材；是否每年进行检测、维修，检测、维护保养记录是否完整准确。消防设施器材配备要求如下：

(1) 仓储场所周围应设置室外消火栓系统；

(2) 仓储场所占地面积大于 $300m^2$ 的应设置室内消火栓系统。其中，耐火等级为一、二级且可燃物较少的单、多层丁、戊类仓库，耐火等级为三、四级且建筑体积不大于 $5000m^3$ 的戊类仓库可不设置室内消火栓系统，但宜设置消防软管卷盘或轻便消防水龙。

（3）下列仓储场所中应设置自动灭火系统，并宜采用自动喷水灭火系统：

① 每座占地面积大于 1000m^2 的棉、毛、丝、麻、化纤、毛片及其制品的仓库；

② 每座占地面积大于 600m^2 的火柴仓库；

③ 邮政建筑内建筑面积大于 500m^2 的空邮袋库；

④ 可燃、难燃物品的高架仓库和高层仓库；

⑤ 设计温度高于 0℃的高架冷库，设计温度高于 0℃且每个防火分区建筑面积大于 1500m^2 的非高架冷库；

⑥ 总建筑面积大于 500m^2 的可燃物品地下仓库；

⑦ 每座占地面积大于 1500 m^2 或总建筑面积大于 3000m^2 的其他单层或多层丙类物品仓库。

（4）仓储场所中建筑面积大于 60m^2 或储存量大于 2t 的硝化棉、喷漆棉、火胶棉、赛璐珞胶片、硝化纤维的仓库应设置雨淋自动喷水灭火系统。

（5）仓储场所中每座占地面积大于 1000m^2 的棉、毛、丝、麻、化纤、毛片及其制品的仓库，占地面积大于 500m^2 或总建筑面积大于 1000m^2 的卷烟仓库应设置火灾自动报警系统。仓储场所内可能散发可燃气体、可燃液体的场所应设置可燃气体报警装置。

第三节　小型加油站消防监督检查

加油站主要存储、销售汽油、柴油、乙醇汽油等燃料油品，具有较高的火灾和爆炸危险性。由于经营服务的需要，很多加油站建设在城市中心，数量多、分布广。小型加油站内虽然单次作业量相对较小，但作业频繁，流动车辆多，人员来往复杂，稍有不慎极易引发火灾爆炸事故，是影响城市居民安全的主要危险源之一，必须加强日常消防安全检查。

一、加油站的分级

汽车加油站，是指为机动车加注汽油、柴油等车用燃油并可提供其他便利性服务的场所。加油站主要由油气储存区、加油区、管理区三部分组成，有的加油站还设有便利店、洗车服务等辅助设施。

加油站根据其储油罐的容积通常划分为三个等级：一级加油站油罐总容量为 150～210m^3，单罐容量不大于 50m^3；二级加油站油罐总容量为 90～150m^3，单罐容量不人于 50m^3；三级加油站油罐总容量为 90m^3 以下，单罐汽油罐容量不大于 30m^3，单罐柴油罐容量不大于 30m^3。城市建成区不应建设一级加油站，公安派出所日常消防监督检查的重点主要是三级加油站。

二、小型加油站的火灾危险性

（一）储存物质本身易燃易爆

加油站主要经营汽油、柴油零售业务。汽油的闪点一般为－50～－30℃，爆炸极限为1.5%～6.48%体积浓度。在正常温度下，汽油会挥发出大量蒸气，遇明火或电火花易发生燃烧或爆炸。汽油本身的理化性质决定了加油站的火灾危险性较大。

（二）油品作业火灾危险环节多

加油站火灾事故主要发生在卸油、量油、加油和清罐等作业环节。由于这四个环节都会使油品与空气接触，如果在作业中违反操作程序，使油品或油品蒸气在空气中与火源接触，就会导致火灾、爆炸事故的发生。

（三）加油站点消防管理难度大

一方面加油站点多、线长、面广，经营成分复杂，既有集体又有个体，管理难度大；另一方面，有的加油站人员消防安全素质差，存在安全制度、消防组织不落实现象，个别加油站经营中还存在掺杂轻质油的问题，更增加了加油站的火灾危险性。此外，加油站外来人员多，个别司机、乘客防火意识差，接打手机现象普遍存在。

三、小型加油站消防监督检查要点

（一）设置位置检查

1. 站址选择。加油站的站址选择，应符合城乡规划、环境保护和防火安全的要求，并应选在交通便利的地方。在城市建成区不应建一级加油站和一级加油加气合建站。城市建区内的加油站，宜靠近城市道路，但不宜选在城市干道的交叉路口附近。加油站与站外建（构）筑物的防火间距应满足《汽车加油加气站设计与施工规范》的具体规定。

2. 平面布局。检查内容和要求主要包括以下内容：

（1）车辆入口和出口应分开设置。

（2）站区内车道或停车位宽度应按车辆类型确定。加油站的车道或停车位，单车道或单车停车位宽度不应小于4m，双车道或双车停车位宽度不应小于6m；站内的道路转弯半径应按行驶车型确定，且不宜小于9m；站内停车位应为平坡，道路坡度不应大于8%，且宜坡向站外；加油作业区内的停车位和道路路面不应采用沥青路面。

(3) 加油作业区内，不得有“明火地点”或“散发火花地点”。

(4) 柴油尾气处理液加注设施的布置规定：不符合防爆要求的设备，应布置在爆炸危险区域之外，且与爆炸危险区域边界线的距离不应小于 3m；符合防爆要求的设备，在进行平面布置时可按加油机对待。

(5) 电动汽车充电设施应布置在辅助服务区内。

(6) 加油站的变配电间或室外变压器，应布置在爆炸危险区域之外，且与爆炸危险区域边界线的距离不应小于 3m，变配电间的起算点应为门、窗等洞口。

(7) 加油加气站内设置的便利店、汽车服务等非站房所属建筑物或设施，不应布置在加油加气作业区内，其与站内可燃液体或可燃气体设备的防火间距应符合《汽车加油加气站设计与施工规范》中有关三类保护物的规定。便利店、汽车服务等设施内设置明火设备时，则应视为“明火地点”或“散发火花地点”。其中，对加油站内设置的燃煤设备不得按设置有油气回收系统折减距离。

(8) 加油站内的爆炸危险区域，不应超出站区围墙和可用地界线。

(9) 加油站的工艺设备与站外建（构）筑物之间，宜设置高度不低于 2.2m 的不燃烧体实体围墙。当加油加气站的工艺设备与站外建（构）筑物之间的距离大于《汽车加油加气站设计与施工规范》中规定防火间距的 1.5 倍，且大于 25m 时，可设置非实体围墙。面向车辆入口和出口道路的一侧可设非实体围墙或不设围墙。

（二）消防安全管理检查

消防安全管理方面重点检查以下内容：

1. 是否落实站区现场火源管理，是否存在在加油加气区内吸烟、营业期间动用明火等违规现象，辅助服务区内是否存在新增明火或散发火花地点。

2. 是否严格落实动火审批制度，因设备检修等须动用明火时是否停止加油加气作业，并提前清理置换罐体、管道油气，清除可燃物等可靠安全措施。

3. 是否按照操作规程进行卸油、加油（气）作业。

4. 是否落实防静电措施，并按要求对消防设施和防静电装置进行检查、维修、保养和检测。

5. 是否按有关要求对现场开展防火巡查、防火检查，及时发现并处置“跑、冒、滴、漏”现象。

6. 是否按要求委托相应资质的防雷检测机构对防雷设施进行定期检测，查阅检测报告结论是否合格。

7. 是否结合站内具体情况制定了灭火和应急疏散预案，并每年按要求进行演练。

（三）建筑防火检查

1. 加油站办公区和加油区的检查，具体包括以下要求：

（1）加油站内的站房及其他附属建筑物的耐火等级不应低于二级。当罩棚顶棚的承重构件为钢结构时，其耐火极限可为 0.25h，顶棚其他部分不得采用燃烧体建造。

（2）加油站内，爆炸危险区域内的房间地坪应采用不发火花地面并采取通风措施，站内不得设置经营性的住宿、餐饮和娱乐等设施。

（3）加油机不得设在室内，加油岛应高出停车场的地坪 0.2m、宽度不应小于 1.2m，加油岛上的罩棚支柱距加油岛端部不应小于 0.6m。

（4）罩棚应采用非燃烧材料制作，其有效高度不应小于 4.5m。罩棚边缘与加油机或加气机的平面距离不宜小于 2m。

2. 储油罐的检查，具体包括以下要求：

（1）汽车加油站的储油罐应采用卧式钢制油罐。加油站的汽油罐和柴油罐宜埋地设置，严禁设在室内或地下室。

（2）一、二级加油站的油罐宜设带有高液位报警功能的液位计。

（3）汽油罐与柴油罐的通气管应分开设置。管口应伸出地面 4m 及以上；沿建筑物的墙（柱）向上敷设的通气管管口，应高出建筑物的顶面 1.5m 及以上；通气管管口应安装阻火器。油罐车卸油必须采用密闭卸油方式；汽油罐车卸油宜采用卸油油气回收系统。

（4）加油站的地上罐应集中单排布置，罐与罐之间的净距不应小于相邻较大罐的直径。地上罐组的四周应设置高度为 1m 的防火堤，防火堤内堤脚线至罐壁净距离不应小于 2m。埋地罐之间距离不应小于 2m，罐与罐之间应采用防渗混凝土墙隔开。

（5）加油站的汽油罐车和液化石油气罐车卸车场地，应设罐车卸车时用的防静电接地装置。

3. 油品管道的检查，具体包括以下要求：

（1）加油站内的管道应埋地敷设，且不得穿过站房等建（构）筑物。

（2）当油品管道与管沟、电缆沟和排水沟相交叉时，应采取相应的防渗漏措施。

（3）地上或管沟敷设的油品管道的始末端和分支处应设防静电和防感应雷的联合接地装置。

（4）加油站内地面雨水可散流排出站外；当雨水有明沟排到站外时，在排出围墙之前，应设置水封装置；清洗油罐的污水应集中收集处理，不应直接进入排水管道。

（四）灭火器材检查

加油站工艺设备应配置灭火器材，并应符合下列规定：

1. 每 2 台加油机应配置不少于 2 具 4kg 的手提式干粉灭火器，或 1 具 4kg 的手提式干粉灭火器和 1 具 6L 的泡沫灭火器。加油机不足 2 台应按 2 台配置。

2. 地下储罐应配置 1 台不小于 35kg 的推车式干粉灭火器。当两种介质储罐之间的距离超过 15m 时，应分别配置。

3. 一、二级加油站应配置灭火毯 5 块、砂子 $2m^3$；三级加油站应配置灭火毯不少于 2 块、砂子 $2m^3$。加油加气合建站应按同级别的加油站配置灭火毯和砂子。

（五）供配电线路检查

加油站内一律不准私拉乱接电线；安装照明线应按照电器安装的有关规定进行，严禁违章作业。检查时，重点检查以下内容：

1. 加油站供电负荷。加油站的供电负荷等级可为三级，信息系统应设不间断供电电源；加油站的供电电源宜采用电压为 380/220V 的外接电源；加油站的供电系统应设独立的计量装置。

2. 加油站电力线路敷设。加油站的电力线路宜采用电缆并直埋敷设；电缆穿越行车道部分，应穿钢管保护；当采用电缆沟敷设电缆时，电缆沟内必须充砂填实；电缆不得与油品管道、热力管道敷设在同一沟内。

3. 电气设备。爆炸危险区域内的电气设备选型、安装、电力线路敷设等，应符合现行国家标准《爆炸危险环境电力装置设计规范》的有关规定；加油站内爆炸危险区域以外的照明灯具，可选用非防爆型；罩棚下处于非爆炸危险区域的灯具，应选用防护等级不低于 IP44 级的照明灯具。

4. 发电机组。当引用外电源有困难时，加油站可设置小型内燃发电机组，内燃机的排烟管口应安装阻火器。排烟管口至各爆炸危险区域边界的水平距离，应符合下列规定：排烟口高出地面 4.5m 以下时，不应小于 5m；排烟口高出地面 4.5m 及以上时，不应小于 3m。

第四节　居民住宅区消防监督检查

近些年，伴随着国家经济快速发展和城乡一体化建设逐步加快，城乡社区流动人口急剧增多，居民住宅区的消防安全形势日趋严峻。据统计，从 2009

年到2013年，我国城乡居民住宅火灾平均每年共发生5.5万起，平均死亡人数775人，平均火灾发生的起数和死亡人数分别占全国火灾的34.8%和58%。作为每个家庭所赖以生活的场所一旦发生火灾，在给家庭带来经济损失的同时，也必然会严重影响社会的稳定和谐。因此，居民住宅区应成为公安派出所消防监督管理的重点之一。

一、居民住宅区的火灾危险性

（一）消防器材损坏，影响火灾扑救

当前，我国大部分居民住宅区都设置了相应的消防设施和灭火器材，但很多消防设施和灭火器材在建筑修建后没有得到有效的日常维护和保养，导致很多灭火器材丢失，消防设施无法使用。特别是在一些老式居民住宅区内消防器材丢失和损坏现象十分普遍，加之一些居民住宅的产权复杂，房屋管理部门、物业服务企业、居民之间对物业管理费用相互扯皮，缺乏足够的资金维持日常消防设施的维护和保养。

（二）疏散通道不畅，人员疏散困难

居民住宅楼内的公共走廊、楼梯（间）是火灾发生后供居民及时疏散逃生的生命通道。在日常生活中，由于有的居民消防安全意识淡薄，将住宅内的部分公共空间据为己有，乱堆乱放各类生活杂物；还有的居民擅自在公共走廊内私装铁栅栏、防盗网进行隔断，将门前的公共空间当作自己的仓库随意存放私人物品，使住宅内的公共空间成为火势蔓延的快速通道。

（三）消防车道堵塞，灭火救援困难

大部分老式住宅区都没有建地下停车场或车库，住宅区内无处停车的矛盾越发尖锐。部分住宅小区的物业服务企业为了小区管理，将小区公共道路或绿化区域私自改建为临时停车场，或者将小区公共道路上设置栏杆，划分停车位，使原本宽敞的消防车通道只能供小车勉强单向通行；还有一部分老式住宅区内无人管理，居民私搭乱盖现象十分普遍，部分居民在住宅楼旁搭建自行车棚、雨棚或者仓库侵占消防车道；更有个别小区业主为了个人利益，在小区门前私自占用公共空间加装地锁，严重阻碍了消防车通行。

（四）家庭生活用火不慎

在日常家庭生活中，人们几乎每天都要与火打交道，动火烧饭、取暖、照明、驱蚊等是日常生活用火十分普遍的现象。生活用火过程中稍有不慎，往往就会引发火灾，酿成事故。

（五）家庭装修乱改乱拆，破坏建筑结构

很多业主在家庭装修工程中，往往为了建筑装修造型美观而忽视了建筑防火安全。部分业主将入户的防火门拆除，更换为豪华防盗门。一些小区业主在同一楼层购买的几套住宅，装修过程中将多套住宅打通为一套，擅自拆除住宅户与户之间或单元与单元之间的防火墙或承重墙，使住宅原先设计的防火分区遭到破坏。还有一些小区的业主为了生活需要，违章在住宅的天井上加盖防雨篷，将天井变成“中庭”，火灾发生后易形成“烟囱效应”加速火势的蔓延。更有少部分业主在装修中为了增加房间采光面积，擅自拆除窗槛墙，将房间的窗户改变为“落地窗”，使住宅上下层之间的竖向防火分隔被破坏，发生火灾后火焰很容易通过建筑外墙形成立体燃烧。

（六）电器使用不当，火灾危险性大

随着近些年城乡居民收入的提高，电视机、电冰箱、空调、洗衣机、烤箱、微波炉、热水器等各类家用电器几乎成为所有家庭生活中的必备物品。这些家用电器的大量使用，一方面会使家庭用电量在某些时段急剧增多，超出电气线路的承载能力，造成局部电气线路过热而引燃周围可燃物；另一方面，很多居民在选购家用电器时，只注重产品价格而忽视了产品质量，选购的电器产品质量存在缺陷，日常使用过程中因用电设备发生漏电、短路等现象而引发燃烧或者爆炸。此外，很多家庭在关闭用电器时只习惯使用电器开关而从不将电线插头从电源插座拔出，致使电器始终处于局部通电的状态，长期蓄热不仅会引起电器故障，有时还会造成电器起火引发火灾。

二、居民住宅区的消防监督检查要点

（一）建筑防火检查

居民住宅区内除住宅建筑外，通常还有一些供居民日常生活的小型公共建筑，如超市、发廊、洗衣店等。住宅建筑在与此类公共建筑合建时应保证住宅建筑的完整性，其建筑设置应符合下列规定：

1. 除商业服务网点外，住宅部分与非住宅部分之间应采用耐火极限不低于 2.00h 且无门、窗、洞口的防火隔墙和 1.50h 的不燃性楼板完全分隔；

2. 当为高层建筑时，应采用无门、窗、洞口的防火墙和耐火极限不低于 2.00h 的不燃性楼板完全分隔；

3. 住宅建筑外墙上两开口之间的墙体宽度不应小于 1m；小于 1m 时，应在开口之间设置突出外墙不小于 0.6m 的隔板。

（二）居民家庭消防安全检查

居民住宅火灾大多数都是因人们思想麻痹、忽视火灾隐患而造成的。其中，电气火灾和燃气事故是住宅发生火灾最主要的两个原因。对于居民家庭内的消防检查，公安派出所民警应充分利用深入居民家中走访的机会，在做好消防宣传“进家庭”工作的同时，有针对性地进行消防安全检查。

1. 电气线路的检查，主要包括以下内容和要求：

（1）电气线路的敷设应按照国家制定的《电气线路安装规范》设计，做到规范合理。在施工中，电线应采用新线，线路应采用穿管敷设安装，通过可燃装饰物表面时要穿轻质阻燃套管，有吊顶的房间吊顶内的电线应采用金属管配线。对于需要穿过墙壁的电线，为了防止绝缘层破损，应将硬塑料管砌于墙内，两端出口伸出墙面约 1cm，分线处应采用分线盒。电气开关、插座应远离床、窗帘、地毯等可燃物，特别是插座距地面至少应有 20cm 间距，以防止拖地、房间潮湿造成线路短路打火引燃地毯等可燃物。

（2）电气线路荷载应经计算确定，并留有一定的荷载余量，严禁超负荷使用。在设计安装电器线路时，要充分考虑家用电器设备的最大负荷量，合理选择导线类型和导线截面，电气设备与线路的负荷要达到要求并相配，安装必须符合规范要求。厨房、卫生间等潮湿的部位应采用有保护的绝缘导线。此外，要做好线路漏电和过负荷的保护措施，住宅应安装自动空气开关和熔断器，严禁采用铜丝、铝丝等替代保险丝。对单相电度表的选择也要参照用电总功率，要保证用电时通过的总电流不超过电表自身的额定电流。

（3）选购家用电器时，要选购经国家认证的质量过关、信誉良好、售后服务有保障的产品。在雷雨天气时尽量不要使用家用电器。另外，家用电器应保持干燥，通风良好，防止因进线受潮产生漏电打火而引起火灾。

（4）采用白炽灯具照明时，应与可燃物之间保持一定的安全距离，严禁用纸、布或其他可燃物遮挡灯具；镇流器不应直接安装在可燃的天花板或墙壁上，应采取隔热保护措施。

2. 炊事用火的检查，主要包括以下内容和要求：

（1）检查连接灶具和燃气管道的橡胶管是否出现老化、龟裂、松动的情况；

（2）严禁将液化天然气罐安装在橱柜内；

（3）油漆、干洗剂等可挥发性化学物品应远离炉灶存放。

（三）安全疏散检查

由于居民住宅内人员数量多，且大部分时间独自在家的都是老年人、妇女和儿童。因此，住宅内发生火灾时，必须要保证建筑内人员能及时有效疏散。公安派出所在日常消防监督检查中，要特别注意对居民住宅的安全疏散情况进行检查，对于附带商业服务场所的住宅要保证住宅部分与非住宅部分的安全出口和疏散楼梯应分别独立设置。住宅建筑应随时保持疏散通道的畅通，严禁占用公共空间堆放杂物。

1. 安全出口的检查，主要包括以下内容及要求：

(1) 建筑高度不大于 27m 的建筑，当每个单元任一层的建筑面积大于 $650m^2$，或任一户门至最近安全出口的距离大于 15m 时，每个单元每层的安全出口不应少于 2 个。

(2) 建筑高度大于 27m 且不大于 54m 的建筑，当每个单元任一层的建筑面积大于 $650m^2$ 或任一户门至最近安全出口的距离大于 10m 时，每个单元每层的安全出口不应少于 2 个。当每个单元设置一座疏散楼梯时，疏散楼梯应通至屋面，且单元之间的疏散楼梯应能通过屋面连通，户门应采用乙级防火门；当不能通至屋面或不能通过屋面连通时，应设置 2 个安全出口。

(3) 建筑高度大于 54m 的建筑，每个单元每层的安全出口不应少于 2 个。

(4) 住宅部分和商业服务网点部分的安全出口和疏散楼梯应分别独立设置。

2. 疏散楼梯的检查，主要包括以下内容及要求：

(1) 建筑高度不大于 21m 的住宅建筑可采用敞开楼梯间；与电梯井相邻布置的疏散楼梯应采用封闭楼梯间，当户门采用乙级防火门时，仍可采用敞开楼梯间。

(2) 建筑高度大于 21m 且不大于 33m 的住宅建筑应采用封闭楼梯间；当户门采用乙级防火门时，可采用敞开楼梯间。

(3) 建筑高度大于 33m 的住宅建筑应采用防烟楼梯间。户门不宜直接开向前室，确有困难时，每层开向同一前室的户门不应大于 3 樘且应采用乙级防火门。

(4) 住宅单元的疏散楼梯，当分散设置确有困难且任一户门至最近疏散楼梯间入口的距离不大于 10m 时，可采用剪刀楼梯间，但应符合下列规定：

① 应采用防烟楼梯间；

② 梯段之间应设置耐火极限不低于 1.00h 的防火隔墙；

③ 楼梯间的前室不宜共用；

④ 共用时，前室的使用面积不应小于 $6m^2$；

⑤ 楼梯间的前室或共用前室不宜与消防电梯的前室合用；

⑥ 楼梯间的共用前室与消防电梯的前室合用时，合用前室的使用面积不

应小于 $12m^2$，且短边不应小于 2.4m。

(5) 住宅建筑的户门、安全出口、疏散走道和疏散楼梯的各自总净宽度应经计算确定，且户门和安全出口的净宽度不应小于 0.9m，疏散走道、疏散楼梯和首层疏散外门的净宽度不应小于 1.1m。

(6) 建筑高度不大于 18m 的住宅中一边设置栏杆的疏散楼梯，其净宽度不应小于 1m；建筑高度大于 100m 的住宅建筑应设置避难层。

（四）居民住宅区消防安全管理检查

居民住宅区的消防安全管理工作应按照“以人为本、居民自治”的原则，以建立“政府引导、社会支持、公众参与”的社会化消防治理为格局，基本达到“组织网络健全、文化教育覆盖、工作机制完善”的要求。公安派出所在日常消防监督检查工作中应重点检查以下内容：

1. 消防管理组织。居民住宅区的消防管理组织，通常是指居民住宅所在社区居委会成立的消防安全委员会。消防安全委员会应由社区居委会、小区物业服务企业、社区民警、治安联防队、辖区单位和居民代表参加，并切实担负起对所辖住宅区消防工作的组织领导、综合协调和监督检查职能。社区消防安全委员会应明确职责范围，定期召开工作会议研究部署消防工作，统一领导、协调和组织开展社区消防工作；明确社区居委会主任为消防安全责任人，确定一名副职为消防安全管理人对本社区的消防工作负责；配备 2 名以上专（兼）职消防管理人员负责协调和组织开展社区消防工作。社区消防安全委员会应下设消防办公室，与社区警务室建立联系机制，协调开展好居民住宅区的消防工作。

2. 消防文化宣传。按照消防法律、法规的要求，居民住宅区应完善消防文化建设，在居民住宅区设置警示标识、防火宣传栏，建立《居民防火公约》。通过建立健全居民住宅区消防宣传阵地，在社区内营造出消防文化氛围。居民住宅区的消防安全委员会要结合消防宣传“七进”工作，每月组织 1 次居民广泛参与的消防宣传活动，每年要组织好“119”消防日宣传活动，针对不同人群特别是住宅区内的老人、儿童和残疾人等弱势群体的需要进行有针对性的教育活动，做到消防宣传精细化。有条件的地区，还可以以移动互联网为依托，对住宅区内的居民进行全覆盖的日常化消防宣传。

3. 防火巡查、检查制度。消防安全委员会应通过建立住宅区志愿组织或依托现有治安联防队、保安队伍把住宅区消防与治安联防工作结合在一起，建立日常消防巡查制度。消防巡查应填写巡查记录，巡查人员应将巡查内容、部位、频次及检查发现的问题和处理措施进行记录，并在巡查记录上签名。日常消防巡查的重点应包括以下内容：

(1) 居民住宅区内有无火灾隐患，是否有动火作业场所；

(2) 住宅楼内消防设施和灭火器材是否完好，公共走廊和楼梯间是否畅通；

(3) 居民住宅区内的公共消防设施是否完好，防火间距和消防车通道是否被占用、堵塞。

(五) 消防设施检查

根据住宅建筑结构的不同，一般配有不同的消防设施。检查主要包括以下内容：

1. 消火栓。建筑高度大于 21m 的住宅建筑应设置室内消火栓。其中，建筑高度不大于 27m 的住宅建筑，设置室内消火栓系统确有困难时，可只设置干式消防竖管和不带消火栓箱的 DN65 室内消火栓。高层住宅建筑的户内宜配置轻便消防水龙。

2. 自动灭火系统。建筑高度超过 100m 的住宅建筑应设置自动灭火系统，并宜采用自动喷水灭火系统。

3. 火灾自动报警系统。建筑高度大于 100m 的住宅建筑，应设置火灾自动报警系统；建筑高度大于 54m 且不大于 100m 的住宅建筑，其公共部位应设置火灾自动报警系统，套内宜设置火灾探测器；建筑高度不大于 54m 的高层住宅建筑，其公共部位宜设置火灾自动报警系统，当设置需联动控制的消防设施时，公共部位应设置火灾自动报警系统。

4. 其他设施。高层住宅建筑的公共部位应设置具有语音功能的火灾声光警报装置或应急广播。高层住宅建筑的公共部分必须设置灭火器，其他住宅建筑的公共部位宜设置灭火器。

第四章　消防安全违法行为查处

公安派出所对居民住宅区的物业服务企业、居民委员会、村民委员会以及列管单位实施日常消防监督检查时发现消防安全违法行为，应依据《消防法》《治安管理处罚法》和《消防监督管理规定》对违法相对人进行查处，督促其纠正违法违章行为，消除火灾隐患。

第一节　消防安全违法行为

一、消防安全违法行为的含义及其构成要件

（一）消防安全违法行为的含义

消防安全违法行为有广义和狭义之分。广义上的消防安全违法行为，是指公民、法人或者其他组织违反消防法律、法规应追究违法责任的行为。狭义的消防安全违法行为，是指公民、法人或者其他组织违反消防法律、法规，尚不够追究刑事责任，依照消防法律、法规的规定，应承担相应的法律责任的行为。本章主要从狭义的角度探讨消防安全违法行为。

消防安全违法行为包括两方面含义：一方面，不履行消防法律、法规规定义务的行为，即因不作为而形成的消防安全违法行为，如单位不履行日常防火检查的义务，教育部门未将消防知识纳入教学内容等；另一方面，作出消防法律、法规禁止的行为，如违规进入生产、储存易燃易爆危险品的场所，违规使用明火作业，在具有火灾、爆炸危险的场所吸烟、使用明火等行为；违反其他部门规章、地方性法规、政府规章等应受消防行政处罚的行为。

（二）消防安全违法行为的构成要件

消防安全违法行为的构成要件，即消防安全违法行为构成，是指确定消防安全违法行为必须具备的各种要件的总和。消防安全违法行为的构成要件是区分某行为是消防安全违法行为还是非消防安全违法行为，是此消防安全违法行为还是彼消防安全违法行为的标准，是判断行为人是否应受到消防行政处罚的依据。

1. 消防安全违法行为的主体，是指违反消防法律、法规，依法应当追究

法律责任，并能够独立承担法律责任的行政法律关系主体，包括机关、团体、企业、事业等单位和个人。根据消防安全违法行为的种类、危害程度、危害后果，可将消防安全违法行为的法律责任分为行政责任、民事责任和刑事责任。

2. 消防安全违法行为的客体，是指我国消防法律、法规所保护的，被消防安全违法行为所侵害的利益关系。

3. 消防安全违法行为的主观方面，是指消防违法嫌疑人在实施消防安全违法行为时所持的心理状态，即消防安全违法行为主观上是故意还是过失。

(1) 故意，是指行为人明知自己的行为一定或可能会发生危害社会的结果，并且放任这种结果发生的心理态度。消防安全违法行为大部分都是由故意构成的。

(2) 过失，是指行为人应当预见自己的行为可能发生危害社会的后果，因为疏忽大意而没有预见，或者已经预见而轻信能够避免，以致发生了危害社会后果的心理态度。

4. 消防安全违法行为的客观方面，是指消防违法嫌疑人实施的，由消防法律、法规规定属于危害消防安全的客观事实，包括危害行为、危害结果，危害行为与危害结果之间的因果关系，以及时间、地点和方法等。

二、消防安全违法行为的表现形式

根据《消防法》《治安管理处罚法》等法律、法规的规定，结合实际，常见的消防安全违法行为有以下 52 种表现形式：

1. 未经消防设计审核擅自施工；
2. 消防设计审核不合格擅自施工；
3. 消防设计抽查不合格不停止施工；
4. 未经消防验收擅自投入使用；
5. 消防验收不合格擅自投入使用；
6. 投入使用后抽查不合格不停止使用；
7. 未经消防安全检查擅自投入使用、营业；
8. 消防安全检查不合格擅自投入使用、营业；
9. 未进行消防设计备案；
10. 未进行竣工消防备案；
11. 违法要求降低消防技术标准设计、施工；
12. 不按照消防技术标准强制性要求进行消防设计；
13. 违法施工降低消防施工质量；
14. 违法监理降低消防施工质量；

15. 消防设施、器材、消防安全标志配置、设置不符合标准；
16. 消防设施、器材、消防安全标志未保持完好有效；
17. 损坏、挪用消防设施、器材；
18. 擅自停用、拆除消防设施、器材；
19. 占用、堵塞、封闭疏散通道、安全出口；
20. 其他妨碍安全疏散行为；
21. 埋压、圈占、遮挡消火栓；
22. 占用防火间距；
23. 占用、堵塞、封闭消防车通道；
24. 门窗设置影响逃生、灭火救援的障碍物；
25. 不及时消除火灾隐患；
26. 易燃易爆危险品场所与居住场所设置在同一建筑物内；
27. 易燃易爆危险品场所未与居住场所保持安全距离；
28. 其他场所与居住场所设置在同一建筑物内不符合消防技术标准；
29. 违法生产、储存、运输、销售、使用、销毁易燃易爆危险品；
30. 非法携带易燃易爆危险品；
31. 虚构事实扰乱公共秩序（如谎报火警）；
32. 阻碍特种车辆（消防车、消防艇）通行；
33. 阻碍执行职务；
34. 违反规定进入生产、储存易燃易爆危险品场所；
35. 违反规定使用明火作业；
36. 在具有火灾、爆炸危险的场所吸烟、使用明火；
37. 指使、强令他人冒险作业；
38. 过失引起火灾；
39. 阻拦、不及时报告火警；
40. 扰乱火灾现场秩序；
41. 拒不执行火灾现场指挥员指挥；
42. 故意破坏、伪造火灾现场；
43. 擅自拆封、使用被查封场所、部位；
44. 生产、销售不合格的消防产品或者国家明令淘汰的消防产品；
45. 人员密集场所使用不合格、国家明令淘汰的消防产品；
46. 电器产品的安装、使用不符合规定逾期未改；
47. 燃气用具的安装、使用不符合规定逾期未改；
48. 电器线路的设计、敷设、维护保养、检测不符合规定逾期未改；

49. 燃气管路的设计、敷设、维护保养、检测不符合规定逾期未改；

50. 不履行消防安全管理职责逾期未改；

51. 发生火灾时人员密集场所的现场工作人员不履行组织、引导在场人员疏散义务；

52. 消防技术服务机构出具虚假、失实文件。

三、消防安全违法行为的查处方式

公安派出所对消防安全违法行为的查处主要有责令改正和行政处罚两种方式。

（一）责令改正违法行为

发现有下列行为之一的，应当责令依法改正：

1. 未制定消防安全制度、未组织防火检查和消防安全教育培训、消防演练的；

2. 占用、堵塞、封闭疏散通道、安全出口的；

3. 占用、堵塞、封闭消防车通道，妨碍消防车通行的；

4. 埋压、圈占、遮挡消火栓或者占用防火间距的；

5. 室内消火栓、灭火器、疏散指示标志和应急照明未保持完好有效的；

6. 人员密集场所在外墙门窗上设置影响逃生和灭火救援障碍物的；

7. 违反消防安全规定进入生产、储存易燃易爆危险品场所的；

8. 违反规定使用明火作业或者在具有火灾、爆炸危险的场所吸烟、使用明火的；

9. 生产、储存和经营易燃易爆危险品的场所与居住场所设置在同一建筑物内的；

10. 未对建筑消防设施定期组织维修保养的。

（二）实施行政处罚

公安派出所消防民警在消防监督检查时，发现有下列行为之一的，可以实施行政处罚：

1. 消防设施、器材、消防安全标志配置、设置不符合标准的；

2. 消防设施、器材、消防安全标志未保持完好有效的；

3. 损坏、挪用消防设施、器材的；

4. 擅自停用、拆除消防设施、器材的；

5. 占用、堵塞、封闭疏散通道、安全出口的；

6. 其他妨碍安全疏散行为的；

7. 埋压、圈占、遮挡消火栓的；

8. 占用防火间距的；

9. 占用、堵塞、封闭消防车通道的；

10. 门窗设置影响逃生、灭火救援的障碍物的；

11. 不及时消除火灾隐患的；

12. 违法生产、储存、运输、销售、使用、销毁易燃易爆危险品的；

13. 非法携带易燃易爆危险品的；

14. 违反规定进入生产、储存易燃易爆危险品场所的；

15. 违反规定使用明火作业的；

16. 在具有火灾、爆炸危险的场所吸烟、使用明火的；

17. 指使、强令他人冒险作业的；

18. 不履行消防安全职责逾期未改的。

四、消防安全违法案件的移交

公安派出所对不属于管辖范围的消防安全违法案件应进行移交与移送。

（一）移交与移送消防安全违法案件的范围

公安派出所在遇到下列情形时，应将消防安全违法案件移交：

1. 公安派出所接到属于公安机关消防机构管辖的消防安全违法行为举报、投诉；

2. 消防在监督检查过程中发现建筑物未依法通过消防验收，擅自投入使用或者未进行消防竣工验收备案；

3. 公众聚集场所未依法通过使用、营业前的消防安全检查，擅自投入使用、营业；

4. 在日常消防监督检查中，发现存在严重威胁公共安全的火灾隐患。

（二）移交与移送消防安全违法案件的程序要求

1. 消防安全违法行为举报、投诉案件的移送。公安派出所在接到属于公安机关消防机构管辖的消防安全违法行为举报、投诉时，应当在受理后的24h内移送公安机关消防机构处理。对属于《公安机关办理行政案件程序规定》所列举的紧急情形，公安派出所及其工作人员可以采取必要的强制措施或者其他处置措施。

2. 消防违法建筑物或场所案件的移交。公安派出所发现建筑物未依法通过消防验收擅自投入使用或者未进行消防竣工验收备案，公众聚集场所未依法通过使用、营业前的消防安全检查擅自使用、营业时，应当督促相关单位及时通过省级公安机关消防机构网站或到公安机关消防机构办公地点办理相关手续，同时，在检查之日起5个工作日内，填写《公安派出所消防安全检查事项移交处理表》，书面移交公安机关消防机构处理。

3. 严重威胁公共安全的火灾隐患案件的移交。公安派出所在消防监督检查时，发现存在严重威胁公共安全的火灾隐患，应当在责令改正的同时，将火灾隐患具体情况书面报告乡镇人民政府或者街道办事处和公安机关消防机构。

第二节　责令改正

一、责令改正的含义

责令改正，是指消防行政主体责令违法行为人停止和纠正违法行为，以恢复原状，维持法定的秩序或者状态，具有事后救济性。为使违法行为人很好地改正违法行为，公安派出所在责令改正的同时，还应提出整改意见和措施，明确整改的具体问题，使之尽快完成整改。

二、责令改正的程序要求

公安派出所消防民警进行日常消防监督检查中，发现存在消防安全违法行为时，应当责令违法行为人或单位立即改正违法行为，并口头告知违法行为危害。同时，检查人员应填写《公安派出所日常消防监督检查记录》，记录发现的消防安全违法行为，并当场制作和送达《责令改正通知书》。对违法行为轻微并当场改正完毕且依法不予行政处罚的，可以口头责令改正，并在《消防监督检查记录》中注明；对依法应予以处罚的，应当按照国家规定的消防行政处罚程序进行处罚。

三、《责令改正通知书》的制作

在消防监督检查中，法律文书必须按规定的格式出具，才能具有法律效力，否则是无效的，也是不合法的。同时，还应该按照规定将消防监督检查的法律文书进行归档管理。《责令改正通知书》的制作范例见式样4-1。

（一）《责令改正通知书》的制作内容

《责令改正通知书》属于填充型文书，是检查人员在消防监督检查中发现应责令改正的消防安全违法行为时当场填发的法律文书。该文书分首部、正文和尾部三部分。首部包括标题和制作机关名称、文书名称、文书字号；正文包括监督检查的结果及责令改正的内容；尾部应当填写清楚成文日期，并加盖公安派出所印章。

【式样 4-1】

（此处印制公安派出所名称）

责令改正通知书

编号:〔××××〕第××××号

××市×饭店:

根据《中华人民共和国消防法》第五十三条的规定,我所于××××年××月××日对你单位(场所)进行消防监督检查,发现你单位(场所)存在下列第3项、第12项消防安全违法行为,现责令改正:

□1. 未制定消防安全制度;

□2. 未组织□防火检查/□消防安全教育培训/□消防演练;

☑3. □占用/□堵塞/☑封闭疏散通道、安全出口;

□4. □占用/□堵塞/□封闭消防车通道,妨碍消防车通行;

□5. □埋压/□圈占/□遮挡消火栓,□占用防火间距;

□6. □室内消火栓/□灭火器/□疏散指示标志/□应急照明未保持完好有效;

□7. 人员密集场所外墙门窗上设置影响逃生、灭火救援的障碍物;

□8. 违反消防安全规定进入□生产/□储存易燃易爆危险品场所;

□9. 违反规定使用明火作业;

□10. 在具有火灾、爆炸危险的场所□吸烟/□使用明火;

□11. □生产/□储存/□经营易燃易爆危险品的场所与居住场所设置在同一建筑物内的;

☑12. 未对建筑消防设施定期进行维修保养;

□13. 其他消防安全违法行为和火灾隐患______:______________。

（××公安派出所印章）

××××年××月××日

被检查单位(场所)签收:×××

××××年××月××日

（二）《责令改正通知书》的制作要求

1.《责令改正通知书》的内容、日期应与《公安派出所日常消防监督检查记录》相一致。

2.《责令改正通知书》抬头横线“__”处，填写责令改正的单位名称；“我__”横线处，填写作出责令改正决定的公安派出所的名称；“□”处，进行违法行为对应项的勾选。

3. 文书中注明签名或者签收的地方应当由本人签名并注明时间，不能签名的，可以捺指印；属于单位的，由法定代表人或者负责人签名，必要时，可加盖单位公章。拒绝签名的，应当注明。

4.《责令改正通知书》应一式两份，一份交被检查单位，一份存档。

第三节 消防行政处罚

一、消防行政处罚的种类

消防行政处罚的种类包括以下六种：

（一）警告

警告，是指消防行政处罚主体对消防安全违法行为人的谴责与告诫处罚。警告是消防行政处罚中最轻的一种处罚形式，适用于情节轻微的、对社会危害程度不大的违法行为。消防行政执法主体在实施警告时，向消防安全违法行为人发出警戒，申明其有违法行为，通过对其名誉、荣誉、信誉等的影响，使被警告人认识自己行为的社会危害性，从而约束自己履行法律义务，不致再犯。

（二）罚款

罚款，是指消防行政执法主体对消防安全违法行为人依法限令其在一定期限内缴纳一定数额货币的处罚形式。在消防行政处罚种类中，罚款是适用范围最广的一种处罚形式，适用于轻微的或严重的消防安全违法行为，既适用于公民，也可适用于单位。其目的是通过对违法者给予罚款，使其在财产上受到一定损失，从而使其深刻认识到自身违法行为的危害，不致再犯。

（三）没收违法所得

没收违法所得，是指消防行政执法主体依法将消防安全违法行为人生产、销售不合格消防产品的违法所得或非法财物收归国有的一种处罚形式。没收是一种剥夺财产权的行政处罚，没收的产品及违法所得必须依法上缴国库或者依法定的方式处理。

（四）责令停产停业和责令停止施工、停止使用

责令停产停业，是指消防行政执法主体依法强制消防安全违法行为人暂停生产或经营活动的一种处罚形式。它是一种限制违法者生产或经营能力的处罚，并未最终剥夺其生产或经营的资格。因此，这种处罚常附有期限，在相对人改正了违法行为，履行了法定义务以后，可以恢复曾被停止的生产经营活动。

在《消防法》中，除责令停产停业处罚外，还设定了责令停止使用、责令停止施工，这两种处罚与责令停产停业性质相同，是责令停产停业处罚在特定情况下的具体表现形式。责令停产停业、责令停止施工和责令停止使用是较为严厉的消防行政处罚方式。

（五）行政拘留

行政拘留，是指消防行政执法主体对消防安全违法行为人实施在短期内剥夺其人身自由的一种处罚形式。行政拘留只适用于自然人而不能适用于法人或其他组织，但其法定代表人或主要负责人可以作为拘留处罚对象。

给予行政拘留处罚，由公安机关决定，不得以公安机关消防机构的名义实施。

（六）责令停止执业或吊销资质、资格

责令停止执业，是指消防行政执法主体依法限制消防安全违法行为人从事特定职业、行业或从事特定活动的能力的行政处罚。

吊销资质、资格，是指消防行政执法主体依法剥夺、终止消防安全违法行为人从事特定职业、行业或从事特定活动的资格的行政处罚。

二、不同情形消防安全违法行为的处罚依据及规定

不同情形消防安全违法行为的处罚，依据《消防法》有关条款规定，给予不同的罚种。

（一）违反建设工程消防监督管理规定行为的处罚规定

存有本章第一节第1～10种消防安全违法行为表现形式之一的，责令停止施工、停止使用或者停产停业，并处3万元以上30万元以下罚款。建设单位未将消防设计文件报公安机关消防机构备案，或者在竣工后未报公安机关消防机构备案的，处5000元以下罚款。

存有本章第一节第11～14种消防安全违法行为之一的，责令改正或者停止施工，并处1万元以上10万元以下罚款。

（二）违反消防设施、器材安全管理规定行为的处罚规定

存有本章第一节第15～25种消防安全违法行为表现形式之一的，处5000元以上5万元以下罚款。

个人存有本章第一节第16～19种消防安全违法行为表现形式之一的，处警告或者500元以下罚款。

（三）违反居住场所消防安全管理规定行为的处罚规定

存有本章第一节第26～28种消防安全违法行为表现形式之一的，责令停产停业，并处5000元以上5万元以下罚款。

（四）违反治安管理处罚法规定行为的处罚规定

存有本章第一节第29～33种消防安全违法行为表现形式之一的，依照《治安管理处罚法》的规定处罚。

（五）违反规定进入生产、储存易燃易爆危险品场所的消防安全违法行为的处罚规定

存有本章第一节第34、35种消防安全违法行为表现形式之一的，处警告或者500元以下罚款；情节严重的，处5日以下拘留。

（六）妨害社会管理秩序行为的处罚规定

存有本章第一节第37～43种消防安全违法行为表现形式之一的，尚不构成犯罪的，处10日以上15日以下拘留，可以并处500元以下罚款；情节较轻的，处警告或者500元以下罚款。

（七）违反消防产品安全管理规定的消防安全违法行为的处罚规定

存有本章第一节第44种消防安全违法行为表现形式的，由产品质量监督部门或者工商行政管理部门依照《产品质量法》的规定从重处罚。

存有本章第一节第45种消防安全违法行为表现形式的，责令限期改正；逾期不改正的，处5000元以上5万元以下罚款，并对其直接负责的主管人员和其他直接责任人员处500元以上2000元以下罚款；情节严重的，责令停产停业。

（八）违反电器产品、燃气用具消防安全管理规定行为的处罚规定

存有本章第一节第46～49种消防安全违法行为表现形式之一的，责令限期改正；逾期不改正的，责令停止使用，可以并处1000元以上5000元以下罚款。

（九）不履行消防安全职责行为的处罚规定

存有本章第一节第50种消防安全违法行为的，责令限期改正；逾期不改正的，对其直接负责的主管人员和其他直接责任人员依法给予处分或者给予警告处罚。

存有本章第一节第51种消防安全违法行为的，情节严重，尚不构成犯罪

的，处5日以上10日以下拘留。

存有本章第一节第52种消防安全违法行为的，责令改正，处5万元以上10万元以下罚款，并对直接负责的主管人员和其他直接责任人员处1万元以上5万元以下罚款；有违法所得的，并处没收违法所得；给他人造成损失的，依法承担赔偿责任；情节严重的，由原许可机关依法责令停止执业或者吊销相应资质、资格。出具失实文件，给他人造成损失的，依法承担赔偿责任；造成重大损失的，由原许可机关依法责令停止执业或者吊销相应资质、资格。

三、消防行政处罚的简易程序

（一）简易程序的适用条件

适用简易程序必须同时符合以下三个条件：

1. 违法事实确凿，即案情简单、违法事实清楚、证据确实充分，不需要进一步调查取证。

2. 有法定依据，即消防法律、法规、规章明确规定对当事人的违法行为应当给予行政处罚。

3. 公民处以50元以下罚款或警告；对法人或其他组织处以1000元以下罚款或警告；依据《治安管理处罚法》公民处以200元以下罚款。

（二）简易程序的工作流程

消防行政处罚简易程序工作流程如图4-1所示。

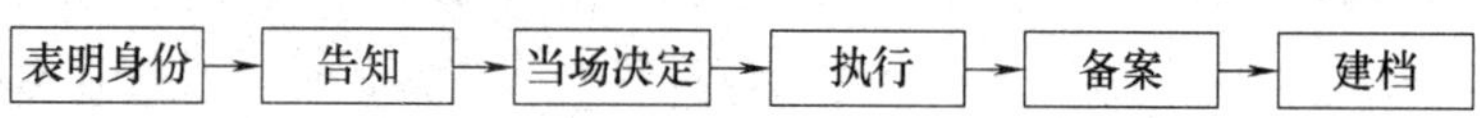

图4-1 消防行政处罚简易程序的工作流程图

（三）《当场处罚决定书》的制作

实施当场处罚，应填写《当场处罚决定书》。《当场处罚决定书》是公安部统一制作的有固定格式、编有号码的法律文书。《当场处罚决定书》应事先印制并加盖公安机关消防机构印章。《当场处罚决定书》制作范例见式样4-2。

1. 制作内容。《当场处罚决定书》应当载明以下内容：

（1）消防安全违法行为，违法的事实和证据；

（2）消防行政处罚依据；

（3）消防行政处罚种类或者罚款数额；

（4）处罚的时间、地点；

（5）消防行政执法主体名称；

（6）消防行政执法人员的签名或者签章。

【式样 4-2】

××市公安消防大队

当场处罚决定书

编号：×公消行(简)决字〔××××〕第×××号

被处罚人 ××歌舞厅(负责人姓名：×××)

性别 男 出生日期 1973 年 9 月 18 日 法定代表人 /

身份证件种类及号码 居民身份证 1201197309184××

现住址 ××县××镇××小区××幢××室

工作单位 ××歌舞厅(属于个体工商户)

因××××年××月××日你经营的××歌舞厅营业时间封闭安全出口，根据《中华人民共和国消防法》第 六十条 第 一 款第 三 项和第 二 款规定，决定给予人民币伍拾元罚款的处罚。

履行方式：限你自收到本决定书之日起十五日内，持本决定书到××银行(地址：××市××区××路××号)缴纳罚款，逾期未缴纳罚款的，每日按罚款数额的百分之三加处罚款。

被处罚人如不服本决定，可以在收到本决定书之日起六十日内向××县公安局或××县人民政府申请行政复议，或者在三个月内依法向 ××县人民法院提起行政诉讼。

处罚地点 ××歌舞厅

办案人员(签名或盖章) ×××

(公安机关消防机构印章)

××××年××月××日

被处罚人(签名)：×××

××××年 ××月××日

一式两份，一份交被处罚人，一份交所属公安机关消防机构备案。

2. 制作要求。《当场处罚决定书》的制作应注意以下事项：

(1)“编号”栏，在印制文书时按先后顺序印制序号，办案人员不再填写。

(2)“被处罚人”栏，被处罚人是自然人的，需填写姓名、性别、出生日期、身份证件种类及号码、现住址及工作单位等内容；被处罚人是单位的，需填写单位名称、法定代表人或主要负责人姓名及单位地址等。

(3)“因”后的横线处，应填写案由，表述要完整，要根据涉及的具体案由当场填写。

(4)“根据”后的横线处，应填写处罚依据的法律全称及具体的条、款、项，数字要大写。

(5)“决定给予”后的横线处，应填写处罚的种类及数额，罚款金额应大写。

(6)“履行方式”后的横线处，应填写处罚的履行方式。对给予的罚款处罚，对不当场收缴罚款的，应填写缴纳罚款的期限及银行名称，并载明“逾期不缴纳罚款的，每日按罚款数额的百分之三加处罚款”。

(7)“法律救济”处的横线处，应填写具体复议机关和人民法院的名称。人民法院的名称应填写所属公安机关消防机构所在地基层人民法院的名称。

(8)“处罚地点”后的横线处，应填写实施该当场处罚时的地点。

(9)“被处罚人（签名）”栏：由被处罚人签收，表明《当场处罚决定书》已经送达。被处罚人拒绝签名和盖章的，办案人员应在备案联上注明。

四、一般程序

(一) 一般程序的工作流程

消防行政处罚采用一般程序时，应按图 4-2 所示的流程实施。

(二)《公安行政处罚决定书》的制作

《公安行政处罚决定书》制作范例见式样 4-3。

1. 制作内容。《公安行政处罚决定书》应载明的内容有：

(1) 当事人姓名或者法人、其他组织的名称、地址；

(2) 违反法律、法规或者规章的事实和有关证据；

(3) 行政处罚的种类和依据；

(4) 行政处罚的履行方式和期限；

(5) 不服处罚决定，申请复议或者提起行政诉讼的途径和期限；

(6) 作出行政处罚决定的行政机关名称和作出处罚决定的日期。

2. 制作要求。制作《公安行政处罚决定书》应注意以下事项：

(1)“被处罚人”栏：被处罚人是自然人的，“被处罚人”栏应当填写被处

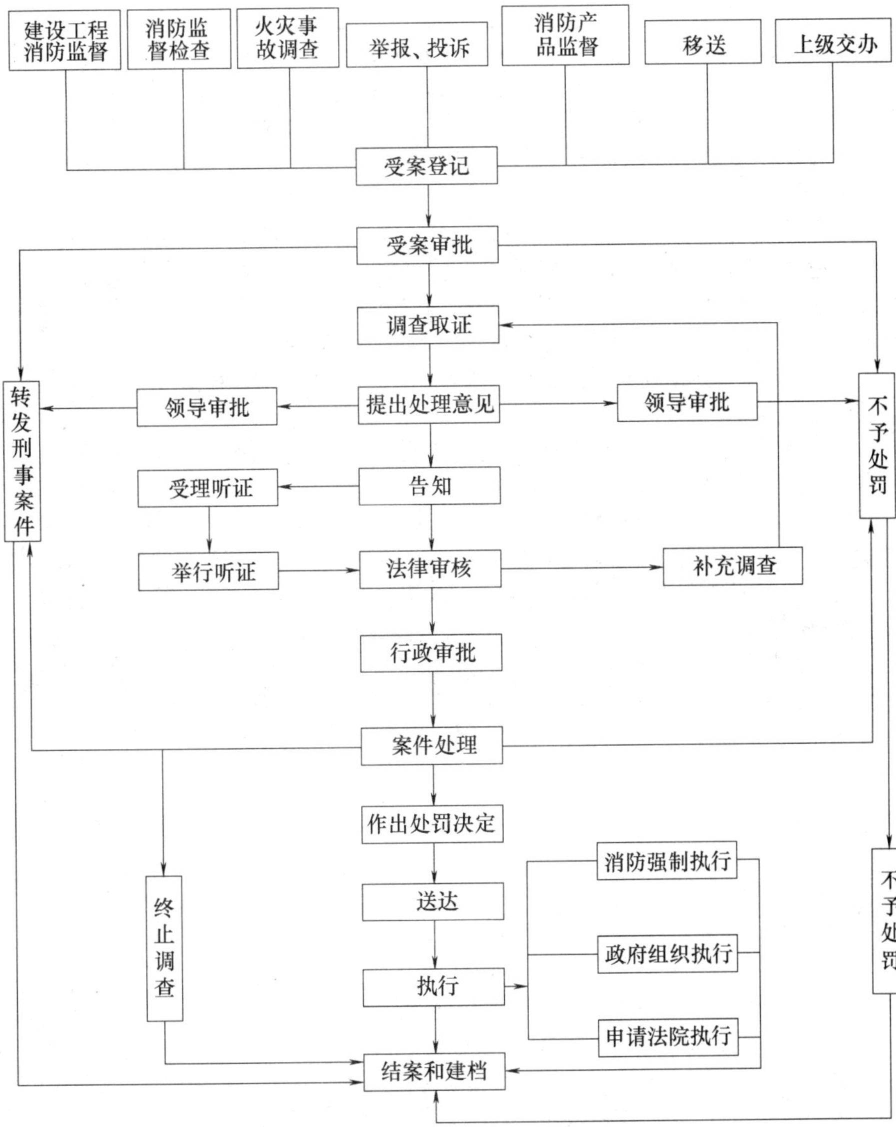

图 4-2　消防行政处罚一般程序流程图

罚人的姓名、性别、出生日期、身份证件种类及其号码、现住址和工作单位。被处罚人是单位的，应当填写法定单位全称、单位地址和法定代表人。

（2）“现查明”后面的横线处，应填写违法事实部分。填写时，应当准确、简明、扼要。

（3）“以上事实有”后面的横线处，应填写证据部分，填写时应当填写证据的具体名称。为保护证人，证人证言可以不写证人姓名。

【式样 4-3】

××市公安消防大队

公安行政处罚决定书

×公消决字〔××××〕第×××号

被处罚人名称：××房地产开发公司，地址：××市××路××号，法定代表人：刘××，男，1975 年 5 月 1 日出生，住址：天津市××区××路××号

现查明××房地产开发公司新建的位于××市××路××号的××大厦工程属《建设工程消防监督管理规定》规定的大型人员密集场所。××××年××月××日，我支队进行监督检查时发现该工程未经消防验收擅自投入使用，违反了《中华人民共和国消防法》第十三条第一款第一项和第二款的规定。

以上事实有《消防监督检查记录》（编号：××），对林×、利×和刀×的询问笔录各 1 份和现场照片×张等证据证实。

根据《中华人民共和国消防法》第五十八条第一款第三项之规定，现决定对你单位××大厦工程责令停止使用，并处罚款人民币十万元整的处罚。

履行方式：限你单位自收到本决定书之日起十五日内，持本决定书到××银行（地址：××市××区××路××号）缴纳罚款，逾期未缴纳罚款的，每日按罚款数额的百分之三加处罚款；自收到决定书之日起三日内停止使用××大厦工程，逾期不执行停止使用决定的，强制执行。

被处罚人如不服本决定，可以在收到本决定书之日起六十日内向××公安局或××人民政府申请行政复议或者在三个月内依法向××人民法院提起行政诉讼。

附：××××＿＿＿＿＿清单共＿×＿份。

被处罚人（签名）：刘××
××××年××月××日

（公安机关消防机构印章）
××××年××月××日

（4）“根据”后面的横线处，应填写法律、法规、规章全称及具体条、款、项，包括作出的处罚和收缴、追缴等其他行政处理的法律依据。上位法对有关事项已有明确规定的，应当填写上位法。

（5）“现决定”后面的横线处，应填写决定的内容，包括处罚的具体种类、幅度以及收缴、追缴等其他处理内容。对多个违法行为人的处罚不同的，要同时写明每个违法行为人的姓名及处罚种类、幅度，对一人的多个违法行为要分别写明处罚种类、幅度。

（6）“履行方式”后面的横线处，要注明履行的具体期限和方式，包括合并执行的情况。一并作出没收违法所得决定时，应当附有相应的清单，并在决定书中注明清单的名称和数量。

（7）救济途径，应写明申请行政复议或者提起行政诉讼的期限以及具体的行政复议机关、人民法院。公安机关消防机构作出行政处罚决定的复议机关是主管公安机关和当地人民政府，被处罚人申请行政复议的期限是60日，提起行政诉讼的期限是3个月。

（8）“被处罚人（签名）”栏：由被处罚人或者被处罚单位的法定代表人或者负责人在附卷的决定书上签名，写明签收日期。拒绝签名的，由办案人员在决定书上注明，并使用《送达回执》。

第五章　火灾事故应急管理

火灾事故调查规定》第 5 条第 2 款规定：“公安派出所应当协助公安机关火灾事故调查部门维护火灾现场秩序，保护现场，控制火灾肇事嫌疑人。”因此，公安派出所有参与火灾处置和协助火灾调查的法定职责。因此，公安派出所对火灾事故的应急管理职责主要是火灾现场初期处置和协助火灾事故调查。

第一节　火灾现场处置

公安派出所接到火灾报案后，应当立即报告主管公安机关消防机构并及时赶赴火灾现场，询问了解火势发展及有无人员被困等情况，并根据火灾现场实际组织疏散被困人员、扑救初起火灾、维护火场秩序，保护火灾现场。及时、科学、合理、有效的火灾事故处置，往往能够将火灾损失降到最低，为公安机关消防机构开展火灾事故调查创造有利条件。

一、疏散被困人员

公安派出所民警赶赴火灾现场后，应立即了解是否有人员被困及被困人员的具体位置和数量，特别是被困人员中是否有老人、儿童和行动不便人员，并组织疏散被困人员。根据现场实际情况，引导被困人员从疏散楼梯逃生，或者协助被困人员利用周围的建筑物、构筑物或其他逃生设施进行疏散逃生。公安派出所民警需要进入火场救助被困人员时，自身应当采取防止烟气中毒、高温灼伤等防护措施。

（一）选择安全疏散通道

疏散路线应根据火势情况，选择最简便、最安全的通道和疏散设施。选择疏散路径时，应首先选择封闭楼梯间、防烟楼梯间或疏散楼梯、室外疏散楼梯等。在高层建筑发生火灾时，因电梯的供电系统在火灾时随时会断电，或因热作用使电梯变形而使人被困在电梯内，同时，电梯井连接各层，犹如贯通的烟囱般直通各楼层，很容易成为烟、热、火的通道，造成有毒气体的侵入。因此，火灾时不能乘坐电梯。当安全疏散通道被烟火封锁后，应该先向远离烟火的方向疏散，然后再向靠近出口和地面的方向疏散。向远离烟火的方向疏散时，应以水平疏散为主，尽量避免向楼上疏散。

（二）避免火场烟、热侵害

“是火三分烟”，烟气是火灾中的蒙面杀手，火场中的烟气不仅温度高，而且多含有大量的有毒气体，如一氧化碳、硫化氢等。火场上，大部分人往往并非直接被火烧死，而是被火灾中产生的浓烟灼伤或熏死。因此，在逃离火场的过程中，不仅要避火，还要采取防烟措施。

1. 利用防毒面具防烟、防毒。宾馆、饭店、网吧等公众聚集场所通常备有过滤式防毒面具，它能过滤烟雾中的烟粒子和一氧化碳等毒气。若确认已发生火灾，应迅速戴上防毒面具。其方法是：将面罩下方先套住下颚，然后将头带拉紧，使面罩紧贴面部以防漏气。

2. 利用简易防毒工具防烟、防毒。发生火灾后，可将毛巾、衣服、软席垫布等织物叠成多层捂住口鼻，可以起到防烟、防毒的作用。

3. 贴近地面或爬行穿过烟热区。在火灾的初起阶段，靠近地面的烟气和毒气比较稀薄，能见度相对较高，而上部的空气中含有大量的有毒气体，所以，逃离火场时应该避免直立。在穿过烟雾区时，应采取低姿行走或爬行脱离险区。同时，还可以穿上浸湿的不易燃烧的衣服或裹上浸湿的床单、毯子等织物以防止高温侵害。

（三）充分利用救生绳索等救生器材

各通道全部被烟火封死时，也不要慌张，只有沉着、冷静才能化险为夷。此时，应注意观察环境，充分利用各种逃生器材逃生。

1. 利用缓降器逃生。缓降器由挂钩（或吊环）、吊带、绳索及速度控制器组成，是一种靠人的自身重量缓慢沉降的安全救生装置。使用时，可以将其用安装器具固定在建筑物的窗口、阳台及屋顶外沿等处。

2. 利用救生袋逃生。救生袋，是两端开口，供逃生者从高处进入其内部缓慢滑降的长条袋状物。被困人员进入逃生袋内，可依靠自重和不同姿势来控制降落速度，缓慢降落至地面脱险。

3. 利用自救绳逃生。在紧急情况下，可利用粗绳索，或将窗帘、床单、被褥等拧成自救绳，用水沾湿，然后将其一端拴在牢固的暖气管道、窗框或床架上，另一端投到室外，而后沿自救绳慢滑到地面或下一楼层而脱离险境。

4. 利用自然条件逃生。被困人员在疏散时，在没有任何应急材料可作救生器材的情况下，可充分利用建筑物本身及附近的自然条件进行自救，如阳台、窗台、屋顶、落水管、避雷线以及靠近建筑物的低层建筑屋顶或其他构筑物等。但要注意查看落水管、避雷线是否牢固，是否已被火烘烤、烧断，否则不能利用。

5. 跳楼逃生。如果被火困在三层楼以下楼层内，烟火紧逼、时间紧迫，又无以上方法可施，也得不到他人救助时，可以跳楼逃生。如果消防队员准备好了救生气垫，则要四肢伸展，对准垫上的标识跳下。没有救生气垫，可将席梦思床垫、沙发垫、厚棉被等抛下做缓冲物。跳楼也要讲技巧，跳楼时应尽量往救生气垫中部或选择水池、软雨篷、草地等地；也可抱些棉被、沙发垫等松软物品或打开大雨伞跳下，落地前，要双手抱紧头部，身体弯曲蜷成一团，以减少伤害；如果徒手跳楼，可以扒窗台或阳台使身体自然下垂跳下，以尽量降低垂直高度，同时注意屈膝双脚着地。跳楼虽是一种逃生手段，但会对身体造成一定的伤害，所以要慎之又慎。

（四）人身起火的处置

发生人身着火时，一般应采取就地打滚的方法，用身体将着火部分压灭。衣服局部着火，可采取脱衣或局部裹压的方法灭火。如果身上火势较大，来不及脱衣，旁边又无人帮助灭火时，则可尽快跳入附近的池塘、水池、小河中。此时，受害人应保持清醒头脑，切不可跑动，否则，风助火势，会造成更为严重的损伤。

易燃、可燃液体大面积泄漏或喷散引起的人身着火，往往发生突然，燃烧面积大，受害人不能进行自救。此时，在场人员应迅速采取灭火措施，可将受害人拖离现场，用湿衣服、毛毡等物品压盖灭火；或使用灭火器压制火势。使用灭火器灭人身火时，应特别注意不能将干粉、二氧化碳等灭火剂直接对受害人面部喷射，防止造成窒息；也不能用二氧化碳灭火器对人身进行直接近身灭火，以免造成冻伤。

明火扑灭后，应进一步采取措施清理棉毛织品的阴燃火，防止死灰复燃。化纤织品比棉布织品有更大的火灾危险性，这类织品燃烧速度快，容易粘在皮肤上。扑救化纤织品人身火灾，应注意扑救中或扑灭后，不能轻易撕扯人身上的烧残衣物，否则容易造成皮肤大面积创伤，使裸露的创伤表面加重感染。

二、扑救初期火灾

火灾的发生发展一般经历四个阶段，即初期阶段、发展阶段、猛烈燃烧阶段和熄灭阶段。初起阶段是物质在起火后的几分钟里，具有燃烧面积不大、烟气流动速度缓慢、火焰辐射热量少、周围物品和建筑构件温度上升平缓的特点。初起火一经发现，如果不错过时机，通常动用较少的人力和物力，采取正确的扑救方法，就能在灾难形成之前迅速将火扑灭，从而减少火灾损失，杜绝火灾伤亡。因此，公安派出所民警在公安现役消防队或专职消防队未到现场之前，应及时组织人员开展初期火灾的扑救工作。

（一）灭火的基本方法

1. 隔离法，是指将正在燃烧的物质和未燃烧的物质隔离，中断可燃物质的供给，使火势不能蔓延，限制燃烧范围的灭火方法。其具体操作方法有以下几种：

（1）将起火点附近可能成为火势蔓延的可燃物移走，如拆除与火源毗邻处的建筑、设备等；

（2）关闭有关阀门，切断可燃物的来源，如关闭可燃气体、液体管路的阀门；

（3）将已经燃烧的容器或受到火势威胁的容器中的可燃物料通过管道导至安全地带；

（4）采用泥土、黄沙筑堤等方法，堵截流散燃烧液体或阻止流淌的可燃液体流向起火点。

2. 窒息法，是指减少燃烧区的氧气量，也就是隔绝空气，使可燃物无法获得氧化剂助燃而停止燃烧的灭火方法。其具体操作方法有以下几种：

（1）使用灭火器向燃烧物上喷氮气、二氧化碳稀释氧气浓度，喷射泡沫覆盖燃烧物表面使其与空气隔绝；

（2）开启气体灭火系统，向着火的空间灌入惰性气体、水蒸气等；

（3）封闭已着火的房间或建筑物等；

（4）利用容器、设备的顶盖覆盖燃烧区，如油锅着火时可立即盖上锅盖；

（5）将毯子、棉被、麻袋等浸湿后覆盖在燃烧物表面；

（6）用沙、土覆盖燃烧物（对忌水物质则必须采用沙或土扑救）。

3. 冷却法，是指降低燃烧物的温度，使温度降到物质的燃点以下的灭火方法。常用水和泡沫灭火剂灭火应用的都是冷却灭火原理。

4. 抑制法，是指使灭火剂参与到燃烧反应过程中去，中断燃烧的链锁化学反应的灭火方法。常用的抑制灭火措施就是往燃烧物上喷射卤代烷灭火剂。

5. 防爆法，是指破坏化学爆炸与物理爆炸产生条件的灭火方法，如点燃源、氧气、可燃物以及高压气体、密闭空间。其具体操作方法有以下几种：

（1）将受到火势威胁的易燃、易爆物质，压力容器、槽体等疏散到安全地区；

（2）立即切断易燃、易爆危险物料的传输；

（3）停止对压力容器加温，打开冷却系统阀门，对压力容器设备进行冷却；

（4）有手动放空泄压装置的，应立即打开有关阀门放空泄压。

灭火的基本方法都是破坏已经产生的燃烧条件或使燃烧反应中的游离基中

断。采用哪种灭火方法，应根据燃烧物质的性质、燃烧特点和火场的具体情况以及消防设备和装备的性能进行选择。有些火灾，往往需要同时使用几种灭火方法，这就要注意掌握灭火时机，充分发挥各种灭火方法的优势，迅速有效地扑灭火灾。

（二）灭火器的使用

1. 手提式灭火器。使用手提灭火器时，应首先将灭火器提至距离燃烧物5m左右处，扯掉保险机构的铅块、拔下保险销；然后，一手握住开启压把，另一手握住喷筒，向前推进，对准火焰根部，压下开启压把，将灭火器密封开启喷出灭火剂灭火。随着灭火器喷射距离的缩短，操作者应逐渐向燃烧物靠近。

2. 推车式干粉灭火器。推车式干粉灭火器一般由两人操作。使用时，应将灭火器迅速拉到或推到距着火处10m处，一人将灭火器放稳，然后拔出保险销，迅速旋转手轮到最大开度位置打开钢瓶；另一人取下喷枪，展开喷射软管，然后一只手握住喷枪枪管，将喷嘴对准火焰根部，另一只手钩动扳机，喷出灭火剂灭火。喷射时，要对准火焰根部喷扫推进，直至把火扑灭；灭火后，放松手握开关压把，开关即自行关闭，喷射停止，同时，关闭钢瓶上的手轮式启闭阀。

3. 使用灭火器时，应注意以下事项：

（1）在室外使用灭火器灭火时，要注意占据上风方向。

（2）在喷射的过程中，手提式灭火器应始终与地面保持大致的垂直状态，切勿颠倒或横卧，否则，会因加压气体泄出而使灭火器不能喷射灭火剂。

（3）扑救可燃液体火灾时，若可燃液体呈流淌状燃烧，喷射的灭火剂应由远而近地覆盖在燃烧液体上；若可燃液体在容器中燃烧，应将灭火剂喷射在容器的内壁上，使其沿壁淌入可燃液体表面而加以覆盖，应避免将灭火剂直接喷射在可燃液体表面上，以防止射流的冲击力将可燃液体冲出容器而扩大燃烧范围。

（4）使用干粉灭火器前，首先要把灭火器上下颠倒几次，以使筒内干粉松动。

（5）使用手提式二氧化碳灭火器灭火时，应注意防冻；手握喷筒时，一定要握在其木柄处；接触喷筒或金属管要佩戴防护手套，以防局部皮肤冻伤。

（6）在室内使用手提式二氧化碳灭火器灭火后，应关闭门窗，尽快撤离，防止窒息。灭火后，应及时通风，然后人再进入，以防窒息死亡。

（7）灭火后，要防止回火复燃，如遇零星小火可点射灭火。

（三）消火栓的使用

消火栓给水系统的操作使用方法如图 5-1 所示。发生火灾时，应迅速打开消火栓箱门，按下箱内火灾报警按钮，由其向消防控制室发出火灾报警信号或远距离启动消防水泵；然后，取出水枪，拉出水带，同时把水带接口一端与消火栓接口连接，另一端与水枪连接，展（甩）开水带；把室内消火栓手轮顺开启方向旋开，同时紧握水枪，通过水枪产生的射流实施灭火。灭火完毕后，关闭室内消火栓及所有阀门，将水带置于阴凉干燥处晾干后，按原水带安置方式置于栓箱内。

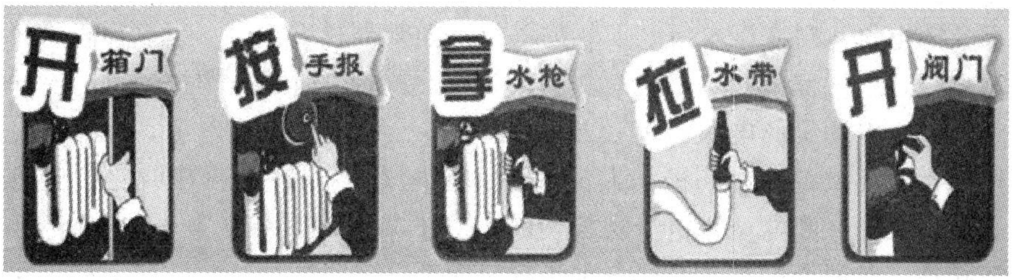

图 5-1 消火栓的操作使用方法

（四）常见初起火灾的扑救方法

1. 厨房火灾的扑救。厨房火灾扑救主要是针对可燃气体泄漏、可燃气体燃烧和油锅起火三种情况。

（1）可燃气体泄漏。当有可燃气体从灶具或管道、设备泄漏时，应立即关闭气源（关闭角阀或开关）、熄灭所有火源，同时打开门、窗通风，而后撤离厨房。在管道、设备损坏不能制止漏气的情况下，应先打开门、窗通风，在撤离厨房后再打电话报警，并通知供气部门前来处置。在供气部门人员来到现场之前，应将厨房周围划为警戒区，同时消除一切可能出现的火源，并制止其他人员进入危险区。

（2）可燃气体燃烧。当发现灶具有轻微的漏气着火现象时，应立即断开气源，并用少量干粉洒向火点灭火，或用湿抹布捂闷火点灭火；如不能关闭气源，则要请供气部门技术人员到现场检查维修以制止泄漏。

（3）油锅起火。当油锅因温度过高发生自燃而起火时，不要端锅，首先应迅速关闭气源熄灭灶火，然后再用锅盖将锅盖上即可灭火。如果是炒菜过程中着火，可将切好的菜倒入锅内即可灭火。切忌不要用水流或用灭火器冲击灭火，也不能将锅内着火的油倒入其他器皿中或倒在地上，否则，不但灭不了火，反而会扩大燃烧面积，造成火灾。

2. 家用电器火灾的扑救。家用电器发生火灾时，在场人员首先应关闭电源，以消除因短路、过负荷或接触电阻过大造成的危害，然后再用二氧化碳或干粉灭火器直接灭火。若附近没有灭火器，也可用其他不燃材料，如阻燃织物、泥土等灭火，可防止火点扩大造成更大损失。若起火电器周围有可燃物，在场人员应及时将起火点周围的可燃物品搬移开，以防止扩大燃烧面积。

3. 带电线路、设备火灾。对于带电线路、设备火灾来说，如果允许断电，应当优先采用断电灭火措施；在不允许断电的条件下，应当慎重采用带电灭火措施。

(1) 断电技术。在建筑物内，应戴上干燥的绝缘手套断开闸刀开关或空气开关关闭电源。对有配电室（所）的单位，如舞台和演播厅、工厂车间的配电室，要通过电力部门和电工切断开关。动力设备断电时，先用电动机的控制开关切断各个电动机的电源，然后再用总开关切断配电盘的总电源，以防产生强烈电弧，烧坏设备和烧伤操作人员。如需剪断 380V/220V 低压线路，应戴绝缘手套，用绝缘断电剪将电线逐根切断；对于架空线，应在来电的方向断电。对于扭在一起的合股线，必须分别错开剪断。

(2) 断电灭火。一般低压线路和电器一旦起火，应立即断电或关闭电源，利用二氧化碳、干粉灭火器进行灭火。在断电的情况下，也可用水灭线路火。

发动机和电动机等电气设备都属于旋转类设备，这类设备的特点是绝缘材料比较少，而且有比较紧固的外壳，可采用二氧化碳等灭火剂扑救。大型旋转电机燃烧猛烈时，可用水蒸气和喷雾水扑救。切忌用沙土扑救，以防止硬性杂质落入电机内，使电机的绝缘和轴承等受到损坏而造成严重后果。

变压器、油断路器等充油电气设备发生火灾时，切断电源后的扑救方法与扑救可燃液体火灾相同。对于油箱没有破损的火灾，可用干粉、二氧化碳等灭火剂进行扑救；如油箱破裂起火，大量油品流出燃烧，火势凶猛时，切断电源后可用喷雾水或泡沫扑救。流散的油火，也可用沙土压埋。

电缆发生燃烧，其燃烧的物质大多是绝缘纸、塑料、沥青、橡胶、绝缘油、棉麻编织物等，切断电源后，灭火方法与扑救一般可燃物质火灾相同。灭火时应注意，电缆、电容器切断电源后，仍可能有较高的残留电压，应在采取放电措施后再灭火。

大型变配电设备的瓷质绝缘套管，在高温状态遇急冷或冷却不均匀时，容易爆裂而损坏设备，有绝缘油的套管爆裂后会造成绝缘油流散。为防止火势进一步扩大蔓延，应采用喷雾水灭火，并注意均匀冷却设备。

(3) 带电灭火。对小范围初起电气火灾可用二氧化碳、干粉或洁净气体灭火器灭火。为保证灭火人员的安全，人体与带电物体之间应保持安全距离。用水扑救带电体火灾时，最好用雾状水流，也可用直流水枪点射灭火。用水枪灭火时，必须配备相应的个人防护用具，如绝缘服、绝缘手套、绝缘靴等。同时，必须在水枪喷嘴处焊接铜缆线，将其插入地下，并与带电体保持一定的安全距离。操作时，要严格执行指挥员的命令，以保证人身安全和有效灭火。

4. 汽车火灾扑救。汽车易起火的部位主要是发动机的电气系统、供油和化油系统、油箱、货运车的货物等。由于汽车火灾发展迅猛，一定要抓住初起火易扑灭的有利时机，沉着冷静地用车载干粉灭火器进行扑救。但是，不同的情形也应区别处置。

(1) 客车车厢内着火时，驾驶员应立即停车，关闭发动机，将车门打开让乘客尽快撤出。一旦车门被火封死，司机和乘务员则应设法击碎车窗玻璃，将乘客救出车外。

(2) 发动机的电气系统或燃油系统着火时，首先要断电熄火，然后再用随车灭火器进行扑救，或用沙土、水扑救。

(3) 油箱着火时，首先要用水冷却油箱防止爆炸，同时用灭火器或用覆盖法窒息灭火。如果油箱漏油形成地面流淌燃烧，可用沙土围堵、覆盖流淌火。

(4) 货运汽车上的货物起火时，如果所处环境复杂，如人多或有物资堆垛等情况，司机应先将车开到附近较安全的地点，停车关闭发动机后，再用车载灭火器进行扑救；如果火势大则应利用就近电话报警，组织人们用水或沙土扑救，或搬走未燃物资。同时，要注意保护油箱防止受火势威胁发生爆炸。

(5) 载运压力容器（氧气瓶、乙炔瓶、液化气罐等）的汽车着火时，首先应停车关闭发动机，然后再用灭火器扑灭火点。必要时，可将钢瓶卸掉以防爆炸，但不得高位向下推卸，以防损坏阀门引起泄漏或撞击引起爆炸。同时，应注意保护油箱。

(6) 运输易燃易爆危险物品的汽车着火时，应及时采取有效的灭火措施。散装桶料物品着火，可采用对着火部位喷射灭火剂灭火，也可采用帆布或湿衣服遮盖窒息的灭火方法；对初起的油罐槽车着火，可对阀门、油罐口喷射灭火剂灭火，灭火后不能立即发动行驶，应设置一定的安全距离，防止其他车辆或火源引发复燃，并采取水冷却的方法，降低燃料油品的温度。

三、维护火场秩序

火灾发生具有突发性，人员疏散逃生、抢救物资及扑救火灾等往往导致火灾现场混乱，且具有一定的危险性，如不加以疏导、维护好火场秩序，保护好火灾现场，则容易造成灾害进一步扩大和火灾现场被破坏，从而影响灭火救援和火灾调查工作的进行。因此，公安派出所民警必须做好火场秩序的维护工作。

（一）划定警戒区

公安消防队或专职消防队到达火场后，公安派出所民警应根据火势大小，划定警戒区域，设置警戒带、警戒标识，将围观人群控制在安全地带；火势较大时，应立即报告公安机关指挥中心，通知公安交通警察到场疏导火场周边的道路交通。

（二）控制出入口

公安派出所民警到达火灾现场后，应立即布置警戒人员，控制好出入口，以保障消防车辆顺利通行，防止因无关人员和车辆进入而影响灭火救援工作。

（三）引导人群

公安派出所民警在维护火场秩序时，应密切观察周围人群动向，驱散围观群众；根据现场情况控制人员流向，疏导交通，防止发生踩踏事件。

四、保护火灾现场

（一）火灾现场保护任务

火灾现场是指发生火灾及与火灾原因有关的场所。火灾扑救结束后，公安机关消防机构认为需要封闭火灾现场的，应当在火灾现场填写并张贴《封闭火灾现场公告》，对封闭的范围、时间和要求等予以公告。公安派出所应保护现场，保护现场是为了使火灾事故发生的原始状态不受自然或人为的破坏而对火灾现场采取的保护措施。具体措施有以下两点：

1. 在现场周围划设警戒线，设立值班人员和围栏，禁止人、畜及车辆等进入；

2. 对现场遗留的痕迹物证加以覆盖，防止雨淋、风吹，以便进行现场勘验等。

（二）火灾现场保护的对象

通常情况下，火灾现场保护的对象应当包括燃烧的全部场所以及与火灾有关的一切地点，一般包括以下三类：

1. 发生火灾引起燃烧的场所；
2. 虽未被燃烧但与火灾原因有关联的场所；
3. 火灾涉及的其他场所。

（三）常见火灾现场的保护范围

1. 电气故障引起的火灾现场。当怀疑起火原因为电气设备故障时，凡与火场用电设备有关的线路、设备，如进户线、总配电盘、开关、插座、电机及其拖动设备和它们经过或安装的场所，都应列入保护范围。

2. 爆炸引起的火灾现场。因爆炸起火的现场，不论被抛出物体飞出的距离有多远，都应当把抛出物着陆地点列入保护范围，同时把爆炸破坏或影响到的建筑物列入现场保护范围。确定爆炸现场保护范围时，不是对所有区域都进行保护，只是将有助于查明爆炸物和爆炸原因、分析爆炸过程及爆炸威力的有关物件保护起来。

3. 有放火嫌疑的火灾现场。当怀疑有放火嫌疑时，应当将火灾现场的保护范围适当扩大，如火灾现场周围的围墙、沟渠、下水道等都应当列入现场保护的范围，以防止放火物证灭失。

4. 大面积坍塌的火灾现场。发生大面积坍塌的火灾现场，大量坍塌物会致使各种重要的痕迹、物品被埋压或者移位，因此，应当扩大保护范围。

5. 易燃液体或易燃气体火灾现场。易燃液体或易燃气体的火灾现场，由于液体和气体的流动性，往往泄漏点与起火点位置不一致，因此，应当将易燃液体或易燃气体的泄漏点也列入现场保护范围。

6. 飞火引起的火灾现场。对怀疑是飞火引起火灾的现场，应当将可能产生飞火的火源与火灾现场之间的区域列入保护范围，以便收集飞火的证据。

确定保护范围后，禁止除火灾调查人员之外的任何人（包括现场保护人员）进入保护区域，更不得擅自移动火场中的物品；对火灾痕迹物证，应采取有效措施，防止人为灭失。

第二节　火灾事故调查

当发生火灾，公安或专职消防队到场后，公安派出所民警应当及时移交火灾扑救指挥权，在火灾现场指挥部的统一指挥下，协助开展火灾扑救工作。同时，还应对当事人、受害人、周边群众进行调查走访，了解起火的过程和原因。

一、火灾事故调查方法

（一）询问

公安派出所民警应对火灾肇事嫌疑人和其他知情人员及时展开调查询问，查明火灾发生、发展等主要事实。

1. 调查询问的主要任务。公安派出所火灾调查询问工作的主要任务，就是协助公安机关消防机构，对火灾肇事嫌疑人和知情人员进行询问，查明下列火灾事实：

(1) 火灾发生、发现的时间、地点；

(2) 起火场所、起火部位、起火点及起火原因；

(3) 火灾造成的人员伤亡和财产损失；

(4) 起火单位（个人）的基本情况；

(5) 火灾肇事人的基本情况、行为动机及经过；

(6) 灾害成因。

2. 确定询问对象。调查询问应当根据火灾调查需要，有选择地询问火灾发现人，报警人，最先到场救火的人，消防人员，火灾发生前最后离开起火部位的人，熟悉现场周围情况和生产工艺的人，值班人员，火灾责任人，火灾受害人，发生火灾单位（场所）的负责人、管理人，围观群众中议论起火原因、火灾蔓延情况的人以及其他知情人。

3. 拟定询问内容。拟定询问内容时，应重点针对以下内容：

(1) 发现起火的时间、起火部位、起火特征及火灾蔓延过程；

(2) 异常气味、声音；

(3) 火灾发生时，现场人员的活动情况以及是否发现有可疑人员；

(4) 用火、用气、用电及供电情况；

(5) 机器、设备运行情况；

(6) 物品摆放情况；

(7) 消防安全管理情况。

4. 询问的要求。火灾调查询问开始前，进行询问的调查人员应当首先查看火灾现场，熟悉火灾现场情况。询问应当做好记录。记录时，应以被询问人的叙述为基础，对被询问人所谈情况在能够清楚完整保持原意的前提下可以简化，略去那些没有证明意义的部分，形成比较完整的笔录。现场询问得到的重要情况，应和火灾现场进行对照，必要时，可以带领证人、当事人到现场进行指认。

（二）火灾现场勘查

勘查火灾现场应当遵循火灾现场勘验规则，采取现场照相或者录像、录音、制作现场勘验笔录和绘制现场图等方法记录现场情况。首先，应对现场进行环境勘查和初步勘查，根据燃烧物倒塌、蔓延痕迹认定起火部位；其次，应逐层勘查，收集拍摄起火点处物体塌落层次痕迹、蔓延燃烧痕迹，并提取相关实物。

二、火灾事故调查简易程序

《火灾事故调查规定》第 12 条规定了可以适用简易调查程序的情形。实践中，适用简易程序的火灾事故调查通常转移给公安派出所处理。

（一）简易调查程序的适用情形

《火灾事故调查规定》规定，火灾事故简易调查适用于没有人员伤亡、直接财产损失轻微、当事人对火灾事故事实没有异议、没有放火嫌疑的火灾事故。

1. 火灾事故未造成人员伤亡。火灾事故无人员伤亡，是指火灾和火灾扑救过程中没有因烧、摔、砸、炸、窒息、中毒、触电、高温、辐射等原因所致的人身轻伤、重伤和人员死亡。

2. 直接财产损失轻微。直接财产损失，是指在火灾现场直接被烧毁、烧损、烟熏和灭火救援中破拆、碰撞、水渍以及因火灾引起的污染所造成的损失。其轻重具体标准由省级人民政府公安机关确定，报公安部备案。

3. 当事人对火灾事故事实没有异议。火灾事故事实，是指发生火灾的时间、发生火灾单位（场所、住宅）、地点、起火部位、起火点、起火原因、火灾蔓延过程、财物损失、人员伤亡情况、烧损程度以及与火灾有关的事实（如风向、报警时间、报警人、报警电话内容、接警出动时间、车辆、人员、扑救过程、救援疏散情况，起火前的用火、用电、用气情况，人员到岗到位、分工情况，与火灾相关的人、物、事等客观情况，火灾扑救后的现场保护、封闭及变动情况等）。当事人对上述火灾事故事实内容没有任何不同意见。

4. 没有放火嫌疑。放火是故意引起公私财物燃烧的行为。放火的行为方式，可以是作为，即用各种引火物直接把公私财物点燃；也可以是不作为，即故意不履行自己防止火灾发生的义务，放任火灾的发生。无论是否已经构成危害公共安全的结果，均不能适用简易火灾事故调查。对不属于公安派出所火灾调查处理范围或者无法确认的，公安派出所应当及时通知公安机关消防机构派员组织火灾事故调查，并予以协助。

（二）火灾事故简易调查流程

适用简易调查程序的，可以由一名火灾调查人员调查并按下列程序实施，其具体调查程序如图 5-2 所示。

1. 表明执法身份，说明调查依据；

2. 调查走访当事人、证人，了解火灾发生过程、火灾烧损的主要物品及建筑物受损等与火灾有关的情况；

3. 查看火灾现场并进行照相或者录像；

4. 告知当事人调查的火灾事实，听取当事人的意见，当事人提出的事实、理由或者证据成立的，应当采纳；

5. 当场制作《火灾事故简易调查认定书》，由火灾事故调查人员、当事人签字或者捺指印后交付当事人。

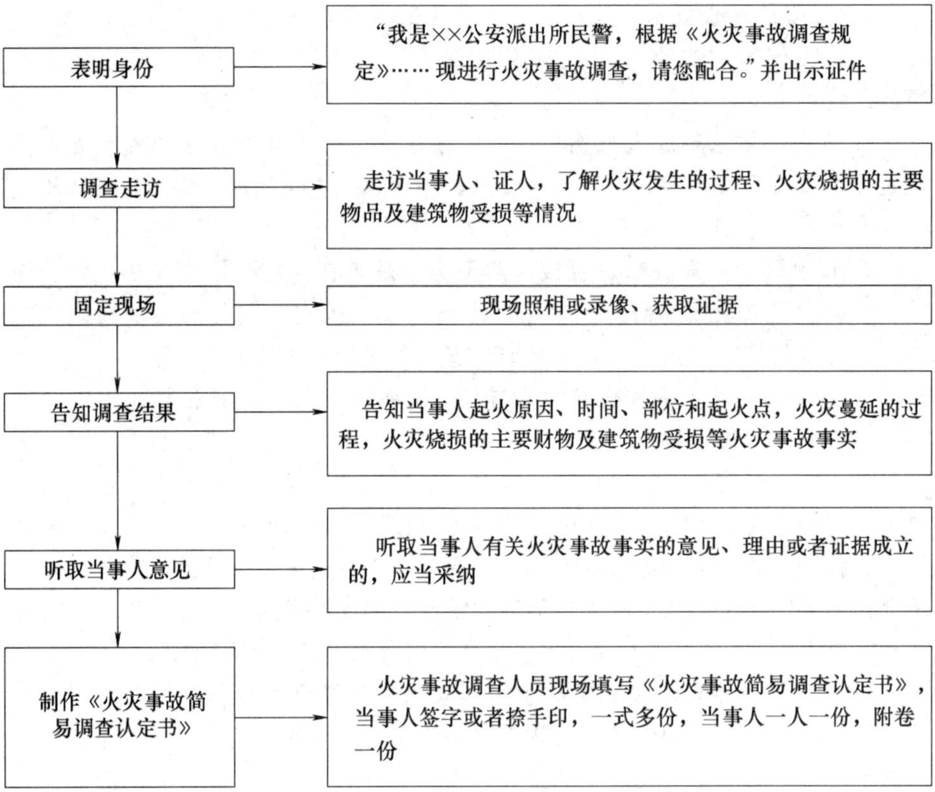

图 5-2 火灾事故简易调查程序流程图

（三）《火灾事故简易调查认定书》的制作

《火灾事故简易调查认定书》是公安机关消防机构对适用简易程序认定火灾事故时所使用的法律文书，见式样 5-1。火灾事故调查人员应当在调查后 2 个工作日内将《火灾事故简易调查认定书》报公安机关消防机构备案。

1. 制作内容。《火灾事故简易调查认定书》应载明以下内容：

（1）火灾事故基本信息，包括起火单位、地址、负责人、联系方式以及报警时间和财产损失等；

（2）现场调查走访情况；

（3）火灾事故事实；

（4）告知与盖章。

【式样 5-1】

火灾事故简易调查认定书

×公消火认简字〔 〕第 号

<table>
<tr><td>起火单位
(个人)</td><td>发生火灾单位(场所、住宅)的名称或户主的姓名</td><td>法定代表人/
主要负责人</td><td></td></tr>
<tr><td>起火地址</td><td>起火单位(场所、住宅)的地点,具体到门牌号码</td><td>联系电话</td><td></td></tr>
<tr><td>报警时间</td><td>公安机关消防机构接到报警的时间,应具体到分钟</td><td>直接财产损失统计(元)</td><td></td></tr>
<tr><td>现场调查
走访情况</td><td colspan="3">调查走访有关当事人或证人反映的火灾发生、蔓延、建筑及物品损失等情况,以及火灾现场相关痕迹、物品及建筑、物品被烧损等情况</td></tr>
<tr><td>火灾事
故事实</td><td colspan="3">起火时间,发生火灾单位(场所、住宅)、地点,起火部位、起火点、起火原因,火灾蔓延过程,火灾烧损的主要物品及建筑物受损等与火灾有关的事实</td></tr>
<tr><td>告知</td><td colspan="3">根据《火灾事故调查规定》第三十六条第一款第四项的规定,适用简易调查程序作出的火灾事故认定,公安机关消防机构不予受理复核申请</td></tr>
<tr><td>当事人有无
异议及签名</td><td colspan="3">年 月 日</td></tr>
<tr><td>调查人员
签名</td><td></td><td>公安机关消防机构
印章及认定日期</td><td>年 月 日</td></tr>
<tr><td>备注</td><td colspan="3">载明现场照片、录像的内容和数量</td></tr>
</table>

一式×份,交当事人×份,存档一份。

2. 制作要求。《火灾事故简易调查认定书》填写要求如下：

（1）“起火单位（个人）”栏：写明发生火灾单位（场所、住宅）的名称或户主的姓名；

（2）“起火地址”栏：填写起火单位（场所、住宅）的地点，具体到门牌号码；

（3）“报警时间”栏：填写公安机关消防机构接到报警的时间，应具体到分钟；

（4）“现场调查走访情况”栏：简要记录调查走访有关当事人或证人反映的火灾发生、蔓延及建筑与物品损失等情况，以及火灾现场相关痕迹、物品及建筑、物品被烧损等情况；

（5）“火灾事故事实”栏：写明起火时间，发生火灾单位（场所、住宅）、地点，起火部位、起火点、起火原因，火灾蔓延过程，火灾烧损的主要物品及建筑物受损等与火灾有关的事实；

（6）“备注”栏：载明现场照片、录像的内容和数量。

第六章 消防宣传教育

消防宣传教育既是消防工作的重要组成部分，也是我国推进消防社会化工作的基础。广泛开展消防宣传教育，对于强化全民消防意识，提高消防安全素质，增强全社会抗御火灾能力，最大限度地防止和减少火灾危害，确保人民群众生命和财产安全，促进社会和谐稳定具有十分重要的意义。

第一节 概 述

消防宣传教育是预防和减少火灾事故和危害的一项治本措施，也是促进社会主义政治文明和精神文明建设的重要举措，具有不可替代的先导性和基础性地位。1992 年 10 月，公安部消防局向全国发出了《关于开展“119”消防宣传活动的通知》，将每年的 11 月 9 日定为全国的“消防宣传日”。

一、消防宣传教育的含义

消防宣传教育，是指各级政府、有关行政部门、新闻媒体和各单位、社会团体以提高公民消防法制观念、消防安全意识和消防安全素质为目的，运用各种宣传教育形式，面向全社会普及消防法律、法规和消防安全知识，并促使公众树立自觉维护公共消防安全意识的行为。

消防宣传教育工作包括：各级公安机关消防机构在人民政府和公安机关的领导和有关部门、团体的协助下，根据工作需要面向公众开展的消防宣传教育工作；国家有关行政部门及其所属机构根据法定义务面向社会开展的消防宣传教育工作；机关、团体、企业、事业单位和基层自治组织根据自身特点和需要开展的消防宣传教育工作等。

二、消防宣传教育的重要性

消防宣传教育工作在整个消防事业中占有重要地位并发挥着巨大作用，人们常用“消防工作，宣传先行”和“消防工作，宣传系于一半”来形容消防宣传教育工作的重要地位。

（一）消防宣传教育占据着消防安全工作的先导地位

消防宣传教育是消防工作的先导，对消防的各项工作提供着有力的思想引导和舆论支持。消防工作的方针、政策，政府关于消防工作的各项指示、命令、通知、规定，都是通过消防宣传教育工作来向社会传递的。因此，消防宣传教育是社会火灾防控体系中一道重要的精神防线。

（二）消防宣传教育是推进消防社会化工作的必要途径

消防宣传教育工作能够使各级政府、各部门、各单位和广大公众了解消防法律、法规和各项消防规章制度，进而督促每一个社会成员依法履行自己的消防安全责任和义务，做好本岗位的消防安全工作，自觉维护公共消防安全，构建消防工作社会化网络。

（三）消防宣传教育是提高全民消防安全素质的根本措施

加强对公众的消防安全教育，提高公众的消防安全意识，是预防和减少火灾发生的根本措施之一。只有通过消防宣传教育的各种有效手段，以喜闻乐见的方式，对公众进行消防科学知识的宣传、消防技能的培训，才能使公众的火灾防范意识日益增强，逐步提高自防自救能力。

（四）消防宣传教育可以营造消防监督管理的良好环境

消防监督管理的顺利推进离不开消防监督人员有意识的消防宣传，它应贯穿于消防监督管理的全过程。近年来，公安部联合其他部委大力开展消防宣传“进机关、进学校、进网站、进社区、进企业、进农村、进家庭”活动，为营造良好的消防安全环境打下了良好基础。

三、消防宣传教育的基本原则

消防宣传教育应以坚持“实事求是、因地制宜、循序渐进、以人为本、注重实效”为根本。具体而言，应遵循以下原则：

（一）坚持社会化原则

消防工作的社会性和群众性决定了消防宣传教育必须走社会化之路。消防宣传教育是一项基础性系统工程，面广量大。因此，只有建立政府统一领导，公安消防部门指导督促，社会各相关部门、单位、团体密切协作、齐抓共管，面向全体公民普遍开展教育活动的消防宣传教育机制，形成“政府主导、媒体联动、教育渗透、全民参与”的社会化消防宣传格局，才能真正广泛、深入、持久地做好消防宣传教育工作。

（二）坚持正面宣传原则

公安部《关于加强消防宣传工作的通知》中强调指出：“消防宣传要面向社会、面向基层、面向群众，以正面宣传为主。”正面宣传可以为凝聚人心、鼓舞斗志、服务大局发挥积极、有益的作用。我国新闻界对正面宣传的辨析定位大致有两种方法：一种是以报道题材来衡量区分；另一种是从社会效果来衡量区分。一般而言，正面宣传应具备以下四要素：一是宣传焦点应集中在社会积极部分或光明一面；二是宣传基调是提倡和鼓励；三是依据当前的社会道德水平和社会秩序，倡导某种观念或现象；四是追求平衡、和睦和稳定的宣传效果。

（三）坚持针对性、实效性原则

宣传教育工作坚持针对性、实效性原则是党中央对宣传思想工作的总体要求，是消防宣传教育工作的着力点和努力方向，也是衡量消防宣传教育工作效果的一个重要尺度。第一，要针对不同时期、不同地域、不同对象的特点，形成有地方特色、全方位、立体型、覆盖全社会、科学合理的宣传教育布局和规划，尽可能地扩大消防宣传教育的社会影响；第二，要突出重点，针对不同对象开展有的放矢的消防宣传，推动重大消防安全问题的解决；第三，要针对火灾的一般规律和火灾发展形势，采取灵活多样、扎实有效的多种形式进行宣传教育，从而增强吸引力和感染力，以取得良好的宣传效果。

（四）坚持经常性、广泛性原则

消防宣传教育要坚持经常、广泛开展。消防宣传教育，一是要把其内容渗透到消防工作的方方面面，如在火灾调查、建设工程消防监督管理、消防监督检查等一系列消防监督管理工作中，要贯穿消防法律、法规和消防安全知识的宣传，潜移默化地影响单位消防安全管理水平和公众的消防安全意识；二是要广泛发动公众参与，使消防宣传教育由“要我做”变成“我要做”，建立层层消防宣传网络，环环紧扣，层层联网，逐步形成常态消防宣传教育与专项宣传活动相结合、互促进的良性循环。

四、公安派出所开展消防宣传教育的职责

公安派出所作为公安机关的派出机构，从新中国建立初期的以防火为中心的“四防”工作，就提出了落实“四防”工作的消防宣传要求。随着消防监督体制的变化和经济建设的不断发展，城乡人民物质文化生活日益丰富，流动人口日益增加，消防工作出现了许多新情况、新问题，社区、村镇消防保卫任务及消防宣传工作日益繁重。为了适应新形势，各级公安机关都在逐步推行和完善消防监督工作“三级管理责任制”，《消防法》也进一步明确将农村、社区的消防工作纳入公安派出所工作管辖的范围。公安派出所不仅承担农村、社区的消防监督检查工作，还应指导、督促并开展消防宣传教育工作。

（一）公安派出所开展消防宣传教育职责的内容

公安派出所是最深入基层的消防监督管理主体。因此，公安派出所可以在当地公安机关消防机构的指导下开展本辖区的消防宣传教育工作，具体内容包括：

1. 根据居民家庭火灾特点，深入社区、农村，采取人们喜闻乐见的形式，广泛宣传消防法规和家庭防火常识，普及消防知识，增强居民的自防自救能力。

2. 督促辖区单位定期开展员工消防教育，重点抓好新职工的岗前培训和教育。

3. 积极协助公安机关消防机构开展消防安全培训，组织辖区企事业单位法定代表人、消防安全管理人员、个体工商户和公众聚集场所从业人员进行消防安全培训，增强其消防意识和法制观念。

4. 结合消防检查、治安检查、入户调查、流动人口管理和出租屋管理等工作，开展对各类企事业单位员工、场所从业人员和村（居）民、流动务工人员的消防宣传教育。

5. 指导村（居）民委员会制定和落实消防安全制度和村（居）民防火公约，督促其开展经常性的消防知识宣传。

（二）城镇公安派出所开展消防宣传教育的履职要求

1. 建立消防宣传组织。城镇公安派出所在辖区开展消防工作的同时，可以建立消防宣传领导小组，领导社区开展消防宣传工作。在社区居委会成立有消防民警参加的治保委员会或防火（四防）领导小组，建立社区消防警务室，通过楼长或居委会小组长进楼入户开展消防宣传；同时，还可以组织社区青少年成立“消防小卫士”宣传队、老年敲更队等志愿消防宣传队伍进行防火宣传。

2. 配置消防宣传人员。在宣传人员的配置上，城镇公安派出所，尤其是经济发达地区的派出所应设有专职或兼职消防民警，或专门招聘消防协管员负责组织、协助、培训居民委员会人员、消防志愿者开展辖区消防宣传工作。

3. 配备消防宣传装备。在宣传装备建设上，城镇公安派出所要筹措经费配置宣传用的录音机、摄像机、照相机等，在社区、新村设立固定消防宣传栏、公益消防宣传广告栏等，使消防宣传逐步适应现代化居住环境的需要。

（三）农村公安派出所开展消防宣传教育的履职要求

1. 健全消防宣传组织。农村公安派出所由于点多、面广、战线长，而且随着中央对农村、农业、农民“三农”经济的关注以及对建设社会主义新农村的重视，农村公安派出所所担负的消防保卫任务和消防宣传工作将越来越繁重。因此，要求农村派出所建立健全消防宣传组织。一是可以建立专门的工作小组，由分管所长具体负责，由专（兼）职消防民警或消防协管员以及治安联防队、乡镇消防队队长等参加，具体负责领导农村地区的消防宣传工作；二是可以在各村、寨以及乡镇企业、农民种（养）植合作社建立义务消防宣传队；三是可以建立农村学校“红领巾”消防宣传队。

2. 明确消防宣传人员。在宣传人员的配置上，农村公安派出所内部应专门指定一名民警或消防协管员具体负责消防宣传工作；在治安联防队、乡镇专职消防队内明确专人负责消防宣传。此外，各村、寨以及乡镇企业、学校等都应设有宣传人员，并明确职责和要求。农村公安派出所应根据农村季节特点，确定宣传主题、宣传任务和工作目标，适时进行工作考核和奖励，尤其是对那些热心消防宣传公益事业的人和事，要上报政府进行褒奖。

3. 配备消防宣传装备。在宣传装备建设上，要根据农村、农民的特点，筹措经费在村、寨设立高音喇叭，购置一些反映农村消防宣传的影视新闻VCD、DVD、CD或录像带等。通过乡镇广播、有线电视进行宣传；在集镇设立固定消防宣传栏；在消防车或警车上添置一些播音设备进行巡回宣传等。

第二节 消防宣传教育内容

深入社区、农村，面向公众开展消防安全宣传教育既是公安派出所消防工作的重要组成部分，也是有效预防辖区内发生火灾的重要手段之一。无数火灾案例表明，公众的消防法制观念淡薄、消防知识匮乏是造成火灾多发，特别是群死群伤火灾事故发生的主要原因。因此，消防宣传教育应以人为本，消防宣传教育的内容要紧密结合本地区的消防工作实际，根据火灾发生的原因和火灾暴露出来的问题，确定侧重点，抓住主要矛盾，组织开展针对性强、普及面广、简单实用的宣传教育工作，使消防宣传教育更加贴近实际、贴近百姓，解决实际问题。

一、消防宣传教育的基本内容

消防宣传教育的内容涉及面广、内容丰富。消防宣传教育通常包括以下几个方面的内容：

（一）国家消防工作的方针、政策

国家消防工作的方针、政策主要包括：党和国家制定的有关消防工作的方针、政策；有关消防工作的重大决策、部署和号召；各级党委、政府领导关于

消防工作的批示、讲话和指示精神等。消防工作方针、政策、决策和部署关系消防事业的发展全局和社会安定、人民生命和财产安全，是消防工作应遵循的重要依据，因此，应贯穿在整个消防宣传工作中。对消防工作方针、政策的宣传有利于全民了解消防安全整体形势，可以为政策法规的顺利推行和实施奠定舆论基础。

（二）消防法律、法规

消防法律、法规是国家法律的组成部分，是所有社会成员必须遵循的行为准则。消防宣传教育应侧重于消防法律、法规的不可违背性和遵守的必要性，以及社会各单位和公民的消防安全责任和义务等内容。其目的是营造有法可依、有法必依、执法必严、违法必究的消防法治氛围。

（三）火灾预防知识

火灾预防知识包括人们生活中的消防安全常识和生产经营领域的防火专业知识。

1. 消防安全常识，主要是指人们日常生活中用火、用油、用电、用气等方面的消防知识，以及火灾多发时节的防火注意事项等。消防安全常识的宣传对象是社会公众，宣传内容应侧重预防性措施，目的是提高公众消防安全意识，尽可能减少由于人的不安全行为引起的火灾。

2. 防火专业知识，主要是指生产经营过程中的火灾危险性及防火技术措施。防火专业知识的宣传对象主要是生产领域的作业人员，宣传内容的设计应有针对性，目的是使各个行业的作业人员熟悉专门的消防安全知识，熟练掌握消防安全操作规程，保障安全生产的顺利进行。

（四）火灾扑救、疏散逃生和自救互救知识

1. 火灾扑救知识，主要是指燃烧的本质、要素、条件等火灾理论基础知识，以及使用灭火器、消火栓灭火的方法和常见火灾扑救的方法及注意事项等。开展初期火灾扑救知识的宣传，有助于提高公众扑救初期火的战斗力，对于减少人员伤亡和财产损失具有十分重要的意义。

2. 疏散逃生和自救互救知识，主要是指安全疏散路线、疏散指示标志识别，火场逃生的各种途径及火场自救与互救的方式方法。宣传疏散逃生知识和技能，能够提高公众应对火灾的自救能力，最大限度地减少火灾中的人员伤亡。

（五）火灾案例警示

人们对火灾危害的认识往往是从火灾事故教训中得到的，而要提高人们的消防安全意识和防火警惕性，火灾案例教育则是最具说服力的。

全世界每年都会发生许多重大的火灾事故，并引起社会的极大重视。消防宣传要抓住这些典型的火灾事故案例，进行大力宣传。通过火灾案例宣传，把火灾发生的背景、环境、起因、过程和结果告诉公众，让公众了解事故发展的全部经过，从而引以为戒，并从中吸取教训、总结经验，起到举一反三的作用；同时，火灾案例的警钟作用，也可以使公众深刻感受火灾的巨大危害，有利于提高全社会对防火工作的重视程度。总之，实际生产、生活中发生的火灾事故，对全社会具有切实有效的警示意义，是公安派出所开展消防宣传教育不可忽视的重要内容。

二、消防宣传教育内容的设计要求

消防宣传教育的内容要本着求真务实的原则，除了内容通俗易懂之外，宣传的内容还要具备知识性、真实性和针对性。

（一）知识性

任何事物的发生、发展都有其内在的原因和规律，火灾的发生也不例外。在进行消防安全教育时，就必须设法让人们知道火灾发生、发展的原因和规律，掌握防止火灾发生的有效措施。因此，要求在消防安全教育的方法和内容上要有知识性。例如，在居民日常生活中，常见有人因电表熔丝熔断而用铜丝代替，如果只是说这样做很不安全，不说或说不出为什么不安全的道理来，那么就不会达到消防安全教育的根本目的。因此，只有通过富有知识性的宣传教育，公众才能掌握消防安全的科学原理，才能举一反三，才能自觉维护消防安全。

（二）真实性

消防宣传教育工作是教育人的工作，是通过各种渠道和形式的教育活动来提高人们的消防安全意识。因此，宣传材料的内容、讲授例证必须按照事物的本来面目加以说明，用事实真相教育人，不可随意夸大或扭曲客观事实，只有这样，公众才会信服并乐于接受教育，才能从中获得知识、受到启迪，从而取得良好的教育效果。

（三）针对性

消防宣传教育工作在不同时期应有不同的重点，所以，在进行消防宣传教育时，要注意加以区别，抓住其中的主要矛盾，有针对性地、有重点地设计宣传内容。

1. 重大节日期间的教育内容。公安派出所应在每年的元旦、春节、“五一”、国庆等节日来临之前或节日期间，在辖区内利用张贴条幅的形式，提醒居民要注意安全用电、用气、用火，加强安全检查，防止火灾发生。

2. 火灾多发季节的教育内容。夏、冬两季不但是用电高峰季节，而且也是火灾多发季节；清明、冬至时节，城镇居民家中有烧香祭祖的惯例，农村有清明上坟烧纸的风俗，此时也极易引发火灾。此外，春季也是精神病患者高发季节，少数神志不清者也会因玩火而引起火灾。因此，在此时段要加大对重点对象的教育力度和安全防范力度。

3. 寒暑假期间的教育内容。寒暑假期间，中、小学生在家休假，玩火、谎报火警等现象时有发生。因此，可以利用寒暑假期间举办冬令营、夏令营等活动，加强对中、小学生的防火、灭火知识宣传。

4. 重大国事、外事活动期间的教育内容。在举行重大国事、外事活动期间，应加强消防宣传教育，杜绝重特大火灾的发生，减少一般火灾的发生，避免由此产生不良的社会影响。

5. 利用火灾案例加强适时教育。火灾是用金钱和生命换来的教训。一旦发生了重大火灾事故，及时召开火灾现场会，向公众进行具体、现实的消防安全教育，也是促使大家认清火灾严重危害、掌握安全知识的最佳时机。

第三节 消防宣传教育形式

消防宣传教育实践中，宣传形式无定式，多种多样。按照宣传手段的不同，有发布新闻、张贴标语、发放资料、召开会议、绘制漫画等形式；按照宣传表达方式的不同，有口头语言、文字、声音和图像等形式；按照宣传渠道的不同，又有利用新闻媒介、举办文艺演出、融入执法环节等多种渠道进行宣传。公安派出所开展消防宣传教育应采用多种形式，不拘一格，凡是能够使公众了解消防知识、重视消防安全、提高社会消防安全素质和防控火灾能力的各种形式都可以运用。但宣传方式的选择应从实际情况出发，因地制宜，利用现有条件，尽量选择新颖独特的消防宣传形式，以增强吸引力和感召力，使消防宣传的内容易于被公众广泛接受。

一、举办消防科普讲作

针对公众由于缺乏消防知识导致火灾的常见起火原因，可采用消防民警或聘请有关专家开设相应讲座的方式，普及消防安全常识。讲座的内容通常应包括以下几个方面：

（一）燃烧和火灾的基本知识

燃烧和火灾的基本知识主要包括燃烧的概念和条件、燃烧的主要产物及其毒性、火灾的概念及危害、火灾发生的直接原因、火灾蔓延的途径、火灾的类别和特点以及防火的基本原理等。

（二）防火知识

防火知识一般包括消防安全标志、建筑防火措施、易燃易爆危险化学物品辨识及危险性、电气防火知识以及常见火灾隐患的识别和整改等。

（三）灭火基本知识

灭火的基本知识一般包括火灾报警的方法、内容和要求，灭火的基本方法以及常用消防设施的功能和操作使用方法等。

（四）疏散逃生知识

疏散逃生知识主要包括影响火场逃生的心理和行为误区、逃生自救的基本原则和方法以及常见火场救生器材的使用等。

二、开设消防宣传板报、画廊等消防宣传阵地

采取消防宣传板报、画廊进行消防知识宣传应围绕辖区的消防工作中心或针对某一时期、某一方面消防安全暴露出来的问题进行，可采用各种不同类型的标语、照片、绘画、书法、漫画、宣传图片并辅以文字说明等形式制作而成。消防宣传板报、画廊的内容可随着季节变化或根据重大节日宣传的实际需要进行更换。消防宣传板报、画廊既可以是固定的，也可以是流动式的。固定式的消防宣传板报、画廊可以设置在社区街道路口、文化活动中心、居委会门前等场所；流动式的消防宣传板报、画廊可与消防宣传车相互结合进行，用载有广播或录像设备的消防宣传车将宣传板报拉到社区集贸市场、居住小区、公共娱乐场所等处进行宣传。这种宣传方式，图文并茂，形式活泼，内容生动，针对性强，深受人们欢迎。

三、张贴消防警示标语

人们在与火灾的长期斗争中，总结出了许多带哲理性的消防安全警示语，这些警示语是无数火灾事故汇聚成的警策。这些警示语通俗易懂，朗朗上口，便于广大公众熟悉记忆。在辖区内主要道路、街道，人员密集场所张贴消防警示标语，已成为消防宣传教育的主要形式之一。近年来，又出现了与广告公司合作，运用市场化运作的方式，开展消防公益广告宣传，即由社会单位出资制作宣传牌，宣传内容包括单位广告和消防警示标语两方面内容，设置在主要道路和居民小区。张贴消防警示标语具有简明扼要、针对性强、通俗直观等特点，能够时刻提醒人们注意防火，并有利于营造一个增强消防安全意识的环境

氛围。

四、利用新闻媒体宣传

媒体传播采用现代科学技术作为传播手段，具有承载信息量大、覆盖面广、传播速度快等优势，通常用于宣传消防法律、法规，普及消防科普知识，开展全民消防教育。媒体宣传也是消防宣传教育最常用的一种形式，它主要包括电视宣传教育、广播宣传教育、报刊宣传教育、网络宣传教育和移动通信宣传教育五种方式。

（一）电视宣传教育

电视宣传教育的方式，是将消防宣传教育内容制作成公益广告、专题访谈、公共讲座、娱乐视听、科教服务等各种类型的电视节目，可以多方位、多视角、多样化地展现消防宣传教育内容。在利用电视开展消防宣传教育时，应根据宣传内容采用恰当的电视节目类型，力求取得最佳宣传效果。

（二）广播宣传教育

广播宣传教育的方式，是利用无线广播和有线广播进行消防新闻播报、现场报道，或利用专题广播栏目开办消防安全知识讲座、对话及热线等方式，向广大公众普及消防法律、法规和消防安全常识。

（三）报刊宣传教育

报刊宣传教育的方式，是利用各类报纸和杂志开辟固定消防专版、专栏或发表各类新闻稿件，普及消防法律、法规和安全知识，宣传消防工作的方针和政策。其主要表现形式有消息、通讯、评论、调查报告、新闻图片和典型事故案例剖析等。消防报刊是报刊宣传的重要组成部分，也是消防宣传的专业阵地。具有公开刊号的全国性消防报刊主要有《人民公安报—消防周刊》《中国消防》《消防技术与产品信息》和《消防科学与技术》。此外，还有众多的主要由各省、自治区、直辖市消防总队或消防协会以及部分市级消防支队主办的内部发行的地方性消防报刊。

（四）网络宣传教育

网络宣传教育的方式，是利用计算机网络发布有关消防法律、法规、消防安全知识以及相关新闻事件，争取最广泛公众关注的宣传教育形式。其主要方式有：在互联网上开设消防网站，制作消防网页；利用公共网站发布消防相关文字或图片及视频新闻；组织开展网络消防知识竞赛、网上答疑、网上评选、网络消防动漫大赛等。

（五）移动通信宣传教育

移动通信宣传教育的方式，是利用手机发送短信、接收短信、传送图片、接受视频节目等功能，宣传消防法律、法规及安全常识。移动通信宣传教育采取的方式主要是通过通信运营商向用户群发布简短的具有提示性的消防安全警示、消防法规公告、火灾预警通知及防火措施等。

五、开展消防宣传教育活动

消防宣传教育活动是一项有目的、有计划、有步骤的组织众人参与消防宣传的社会活动。它通过立体生动的方式传递消防宣传教育内容，具有鲜明的目的性、广泛的社会传播性、寓教于乐的趣味性等特点。消防宣传教育活动能够使人们在实物观摩、亲身体验或娱乐互动中潜移默化地渗透消防知识，是人们乐于接受的消防宣传教育形式，是公众获得消防安全知识的重要渠道。

（一）消防公开咨询活动

消防公开咨询活动是消防机构在接待日公开面对公众，以有问有答的方式宣传消防法律、法规和消防科学技术知识，是消防专业人员与公众零距离接触的宣传教育形式。消防公开咨询通常选择在周末或节假日，在繁华的市区开展，由消防机构的工作人员和消防专业技术人员组成消防咨询小组，公众可向咨询小组提出有关消防法规和其他消防技术问题。咨询活动以社会效益为主，提供无偿服务，多以口头宣讲、回答提问、发放宣传图书和资料等方式进行。

（二）消防竞赛活动

消防竞赛活动是利用竞赛的方式，调动公众主动了解消防法规、学习消防知识以及掌握相关技能的积极性。利用消防竞赛进行消防科普宣传教育，形式轻松活泼，广大公众乐于接受。

1. 消防安全知识竞赛。采用消防知识竞赛向社会、向公众传播消防知识和消防法规是一种非常有效的方法。《消防法》颁布后，全国许多地区和部门，包括一些工厂、企事业单位，结合学习《消防法》举办各种知识竞赛，既普及了消防知识，也调动了公众学习、贯彻、执行消防法规的积极性。公安派出所也可仿效这种宣传方式，以管辖单位、社区为参赛单位，以消防法规及防火灭火、疏散逃生常识为竞赛内容，开展多种形式的竞赛活动，可以达到一人答题众人受益的教育目的。这一宣传教育形式对于活跃居民文化生活也大有裨益。

2. 灭火技能竞赛。灭火技能竞赛是利用辖区内合适的场地，让居民掌握扑救初期火灾基本技能的活动，如用湿麻袋扑灭油桶火，使用各类灭火器扑灭不同对象的火灾等。这种融体育竞赛与灭火技能为一体的竞赛活动，观看性、可操作性、实用性较强，可在有条件的情况下推广这类竞赛。

3. 消防安全知识征文竞赛。举办消防安全知识征文竞赛，可以起到互相介绍防火、灭火经验，普及消防知识，传递交流有关信息，提高居民自我防范意识等作用。

（三）消防文艺演出活动

消防文艺演出活动，是通过文艺演出的形式宣扬党和政府重视消防工作及消防事业的巨大发展，赞扬消防官兵出生入死、抢救人民生命财产的光辉事迹。消防文艺演出活动是公众喜闻乐见的方式，具有生动活泼、寓教于乐、内涵丰富、发人深省的独特魅力。

六、组织参观消防站点、消防博览馆

近年来，各地都推行了消防站点定期向社会开放的工作。在这些开放的消防站内，设置了烟雾逃生训练室、高楼缓降逃生训练器、家庭火灾灭火训练设备、厨房灭火演示室、消防宣传教育展板、报警学习器以及消防知识测试等设施。这些消防站的开放，在社会上引起了广泛的关注，反响强烈，也为宣传消防知识起到了很好的社会效果。还有一些有条件的地区建设了消防博物馆、展览馆、防灾教育基地等，开展长期的消防知识普及教育工作，让市民和青少年、儿童通过特制的模拟设施和模拟环境，进行防火、灭火、报警和逃生自救等消防模拟体验，让公众在看得见、摸得着的教育中提升消防素质。

七、消防宣传教育形式的要求

（一）坚持经常性

消防宣传教育要经常开展，不但要把消防宣传教育内容渗透到消防工作的方方面面，而且还要广泛发动公众参与，使消防宣传活动由“要我做”变成“我要做”，真正建立层层消防宣传网络。参与消防宣传教育的主体既要有消防民警、居（村）民委员会成员，也要有单位代表和公众志愿者，要做到环环紧扣、层层联网、一动互动、一抓就灵，逐步建立互动关系，形成良性循环。

（二）注重趣味性

消防宣传教育的形式应具有趣味性。所谓趣味性，就是通过对教育内容的加工，针对不同的对象、时间、地点、内容，用形象、生动、活泼的艺术手法或语言，将不同的听众或观众的注意力都聚集于宣传内容上的一种手法。同样的内容，同一件事物，不同的宣传方式会产生不同的效果，所以要掌握趣味性的手法，使所宣讲的内容对听者、看者具有吸引力，使人想听、想看，达到启发公众、教育公众的目的。

（三）讲究时效性

火灾的发生，总是在某种条件下形成的，它往往反映某个时期消防工作应关注的特点。所以，消防宣传教育应特别注意利用一切机会，结合不同时段的工作重心，抓住切入点进行，开展及时有效的消防宣传教育。

第七章　消防监督技术装备

为确保消防监督检查工作的科学性和准确性，规范执法行为，提高消防监督执法水平和工作效率，消防监督执法人员在依法履行消防监督检查职责时不能完全凭借经验，要充分利用消防监督技术装备开展消防执法工作。

第一节　消防监督技术装备的种类

消防监督技术装备，是指用于建设工程消防验收和竣工验收检查、消防监督检查、火灾事故调查、消防宣传教育业务的技术装备的总称。

消防监督技术装备按其用途可分为：办公、通信和信息处理类装备，建筑消防设施检测类装备，消防安全检测类装备，消防产品现场检测类装备，火灾现场勘查类装备，消防宣传教育类装备和个人防护类装备七大类。

一、办公、通信和信息处理类装备

办公、通信和信息处理类装备，主要用于消防行政审批信息公开、公安信息网络工程、电子政务等业务，主要包括以下仪器设备：台式计算机、打印机、扫描仪、复印机、传真机、投影仪、PPC 掌上电脑、笔记本电脑、视盘播放设备、照相机、录音机、摄像机、多媒体触摸屏查询系统、无线演示控制器、档案密集柜以及信访工作数字监控系统等。

二、建筑消防设施检测类装备

建筑消防设施检测类装备，主要用于建设工程消防验收、竣工验收检查和消防监督检查业务，主要包括以下仪器设备：消火栓测压接头、喷水末端试水接头、数字照度计、数字声级计、数字测距仪、数字风速计、数字微压计、点型感烟探测器功能试验器、点型感温探测器功能试验器、线型光束感烟探测器滤光片、火焰探测器功能试验器、超声波流量计、防火涂料测厚仪、漏电电流检测仪、红外测温仪、便携式可燃气体检测仪、防爆静电电压表、接地电阻测量仪、绝缘电阻测量仪、数字万用表、钳型电流表、秒表、卷尺以及消防设施检测专用车等。

三、消防安全检测类装备

消防安全检测类装备用于大型群众性活动消防安全检查业务，主要包括以下仪器设备：漏电电流检测仪、红外测温仪、数字测距仪、便携式可燃气体检测仪、防爆静电电压表以及红外热像仪等。

四、消防产品现场检测类装备

消防产品现场检测类装备，主要用于消防产品现场检测业务，主要包括以下仪器设备：点型感烟火灾探测器功能试验器、点型感温火灾探测器功能试验器、线型光束感烟火灾探测器功能试验器（滤光片）、火焰探测器功能试验器、数字照度计、数字声级计、超声波流量计、防火涂料测厚仪、数字万用表、专用燃气喷枪以及消防产品身份证监督检查类装备等。

五、火灾现场勘查类装备

火灾原因调查类装备，主要用于火灾事故现场清理、提取物证和现场分析鉴定等工作，主要包括以下仪器设备：便携式气相色谱仪、便携式红外光谱仪、微量易燃液体探测仪、可燃气体探测仪、可燃气体检测管、薄层色谱分析装置、炭化深度测定仪、金属硬度检验仪、数字温度计、现场勘查工具箱、现场勘查灯、碘钨灯、金属探测器、便携式金相显微镜、照相机、照相冲洗设备、火灾现场物证提取装置、物证存放柜、火场痕迹演示系统、火灾调查知识查询系统以及火灾现场勘查专用车等。

六、消防宣传教育类装备

消防宣传教育类装备，主要用于消防宣传业务，配合社会媒体进行消防宣传报道，对社会进行消防知识教育和培训，主要包括以下仪器设备：数字电视摄像机、电视无线采访传声器、摄像机电视新闻灯具、数字采访录音机、有线传声器、照相机三脚架、编辑录像机、录像带、摄像机电池、非线性视频编辑器、非线性音频编辑器、电视图形字幕机、电视图像监视器、数字调音台、消防宣传设备专用车以及消防安全教育专用车等。

七、个人防护类装备

个人防护类装备，主要用于建设工程消防验收、消防监督检查、消防产品监督检查和火灾事故调查等人员的个人防护，主要包括以下仪器设备：火场勘查头盔、消防手套、消防胶靴、防毒面具、毒性气体探测仪、火场勘查服、火场勘查鞋、个人剂量报警仪、急救药箱、防护眼镜、防静电工作服、强光手电筒、口罩等。

第二节　消防监督技术装备的配备

一、消防监督技术装备配备的依据

各级公安机关消防机构防火监督部门和具有消防监督职责的公安派出所，应依据《消防监督技术装备配备》(GB 25203) 进行消防监督技术装备配备。

二、消防监督技术装备配备的级别及其原则

(一) 消防监督技术装备配备级别

消防技术装备配备级别分为一、二、三、四、五级。

(二) 消防监督技术装备配备原则

1. 直辖市、省会市、副省级市公安机关消防机构的防火监督部门配备级别不应低于一级。

2. 省、自治区公安机关消防机构的防火监督部门，编制员额 400 人以上的地级市公安机关消防机构的防火监督部门，配备级别不应低于二级。

3. 直辖市所属区、县公安机关消防机构，编制员额 200～400 人的地级市公安机关消防机构防火监督部门，编制员额 250 人以上的地、州、盟公安机关消防机构的防火监督部门，配备级别不应低于三级。

4. 编制员额不足 200 人的地级市公安机关消防机构的防火监督部门，编制员额不足 250 人的地、州、盟公安机关消防机构的防火监督部门，其他区、县、旗公安机关消防机构配备级别不应低于四级。

5. 公安派出所配备级别不应低于五级，并按照以下分类进行配备：城市公安派出所，包括直辖市、省会市、副省级市、地级市和县级市的派出所；县镇公安派出所；农村公安派出所。

6. 装备的配置应保障公安机关消防机构的内设职能部门能够独立开展消防监督业务。

7. 装备购置应遵循相互配套、操作简便、易于携带的原则，宜采用车载型装备。

三、消防监督技术装备配备的要求

办公、通信和信息处理类装备，消防监督专用设备，以及个人防护类装备

配备的种类和数量应符合《消防监督技术装备配备》（GB 2503）的有关规定。

消防产品身份证监督检查类装备是实施消防产品身份证管理制度必不可少的保障条件。其配备的最低要求是：各公安消防总队、公安消防支队、公安消防大队以及具有消防监督职责的公安派出所均至少配置1套检查仪器（包括消防产品身份信息管理客户端软件、专用识别作业设备、电子密钥及蓝牙适配器）和1台专用手提电脑。

第三节 消防监督技术装备的使用与维护

本节主要介绍常用消防监督技术装备的操作使用与维护方法。

一、常用消防监督技术装备的操作使用

（一）数字照度计

1. 用途。数字照度计是消防监督中用于测量应急照明灯具和疏散指示标志的光照度的一种装备，如图7-1所示。光照度是物体被照明的程度，即物体表面所得到的光通量与被照面积之比，单位为勒克斯（Lux）。

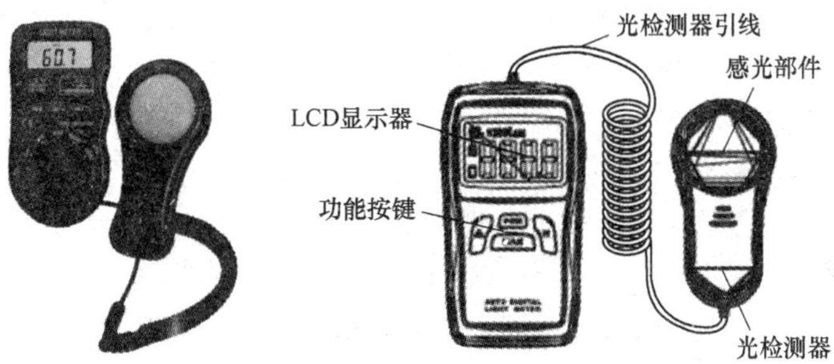

图7-1 数字照度计

2. 操作使用方法。操作时，按以下步骤进行：

（1）打开电源。

（2）打开光检测器盖。测量应急照明照度时，应将光检测器水平放在测量目标照射范围内最不利点的位置；测量疏散指示照度时，应将光检测器水平放在疏散指示标志前通道中心处。

（3）读取照度计显示屏的测量值。如果显示屏左端只显示"1"，表示照度过量，即出现过载现象，应立即重新选择高挡量程测量。

（4）当显示数据比较稳定时，按读值锁定键，读取并记录照度计读数器中显示的测量值；按锁定键，则可取消读值锁定功能。

(5) 测量工作完成后，将光检测器盖盖回，电源开关切至“OFF”。

(二) 数字声级计

1. 用途。数字声级计（图 7-2）主要用于检测水力警铃、应急报警广播、电警铃、蜂鸣器等报警器件的声强大小。它是一种按照一定的频率计权和时间计权测量声音的仪器，测量单位一般为分贝（dB）。

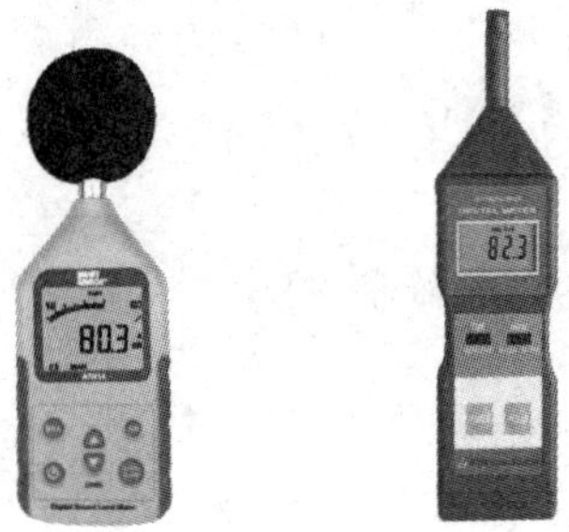

图 7-2 数字声级计

2. 操作使用方法。操作时，按以下步骤进行：

(1) 打开电源开关；

(2) 按下“LEVEL”键选择合适的挡位测量现场的噪声，以不出现“UNDER”或“OVER”符号为主；

(3) 要测量以人耳为感受的噪声请选用“dBA”；

(4) 要读取及时的噪声量请选择“FAST”键，要获得当时的平均噪声量请选“SLOW”，要取得噪声量的最大值可按“MAX”功能键；

(5) 测量结束后关闭电源。

3. 使用时应注意以下事项：

(1) 进行产品检测时，首先对仪器进行校准。

(2) 当无法避开大的背景噪声时，应对测量结果进行适当的背景噪声修正。环境噪声大于 60dB 的场所，声警报的声压级应高出背景噪声 15dB。

(3) 尽量避免强风以及减少人体对噪声测量的影响。

(4) 在低温或阳光直射的场合使用仪器时，要采取适当的防护措施。

(三) 数字风速计

1. 用途。数字风速计（图 7-3）主要用于测量建筑防排烟系统中送风口、排烟口及风道的风速。它一般为旋桨式风速计，由一个三叶或四叶螺旋桨组成感应部分，将其安装在一个风向标的前端，将它随时对准风的来向，桨叶绕水平轴以正比于风速的转速旋转。

2. 操作使用方法。操作时，按以下步骤进行：

(1) 打开电源开关，由单位键选择风速单位。每次开机默认风速单位为 m/s，按“UNIT”键则屏幕上 m/s 符号闪动，按“Δ”键可在 m/s、Ft/min、km/h、knots 及 MPh 之间选择，按“UNIT”键确认选择。

(2) 手持风扇或固定于脚架上，将风轮依顺风方向与风向垂直放置，使风轮依风速大小自由转动。

（3）等待稳定后（约 4s），读取液晶显示器上的风速值。按“HOLD”键可立刻锁定测量数值，再按“HOLD”键，恢复正常测量；欲对最大值、最小值做测量时，按“MAX/MIN”键进行选择即可。

（4）在测量状态中，按“LED”键，显示屏背光灯亮；再按下“LED”键则关闭背光灯。

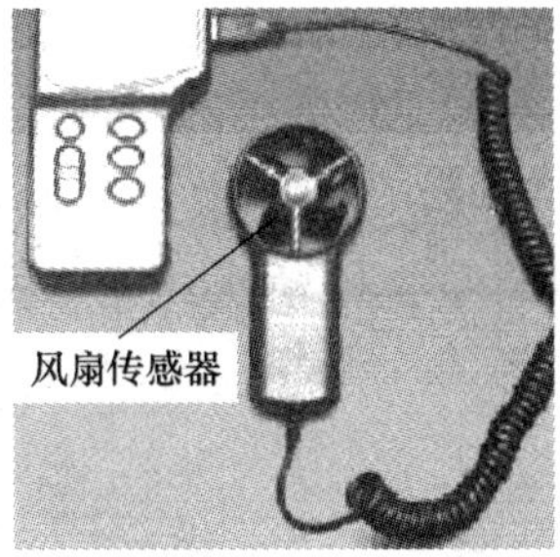

图 7-3　数字风速计

（5）按“ON/OF”键关机。

3. 使用数字风速计时应注意：首先将送风口或排烟口的断面划分为若干个等面积的小矩形，小矩形每边长度为 200mm 左右。用风速计测量每个小矩形中心的风速，风口的平均风速为各测点风速的平均值。另外，保护对象周围的空气流动速度不宜大于 3.0m/s。必要时，应采取挡风措施。

（四）数字微压计

1. 用途。数字微压计是用于测量建筑物内机械加压送风部位的余压值的一种仪器，如图 7-4 所示。

图 7-4　数字微压计

2. 操作使用方法。操作时，按以下步骤进行：

（1）打开电源开关，仪器预热约 15min；

（2）按动调零开关，使显示屏显示“0000”（传感器两端等压）；

（3）用胶管连接正、负压接嘴，将正压接嘴胶管置于机械加压送风部位，负压接嘴胶管置于常压部位；

（4）观察微压计显示屏显示值，待稳定后记录测量结果。

3. 使用时，应注意以下事项：只有在高、低压口同时通大气或通同一压力气源的情况下，才能进行零点检查及调零；仪表垂直、水平或任意角度位放置位置不同，输入读数会略有不同，只有实际使用和调零的仪表放置方位必须一样，才能保证测量精度变；使用时，切不可用力吹“+”“−”感压口，以免损坏仪表；若要简单地检查仪表工作情况，可用手指堵住某一感压孔，或者用手挤压导压管，仪表即有数字读出；开机后出现数字不稳定或乱跳情况时，则需更换新电池，测量时应避免乳胶管被挤压；测高于大气压接正压接嘴，测低于大气压接负压接嘴。

（五）消火栓测压接头

1. 用途。消火栓测压接头由水带接口、短管、压力表和闷盖组成，可在消火栓出口处形成一个测压环节，是一种主要用于检测室内消火栓的栓口静水压力和栓口动水压力，并可用来校核水枪充实水柱的专用装置，如图 7-5 所示。

图 7-5 消火栓测压接头

2. 操作使用方法，主要分为消火栓栓口静水压力测量和消火栓栓口动水压力测量两种方法。

（1）消火栓栓口静水压力的测量方法，操作步骤如下：

① 将测压接头连接到所测消火栓栓口处；

② 安装好压力表，并调整好压力表检测位置使之竖直向上；

③ 将测压接头出口处闷盖拧松，然后缓慢打开消火栓阀门，待后端闷盖处空气排尽，再将闷盖拧紧，读取并记录压力表的稳定显示值，该值即为消火栓栓口的静水压力；

④ 测量完成后，关闭消火栓阀门，拧松后端闷盖，使该接头内的水压全部泄掉，待水不再从后端闷盖流出时，拧紧后端闷盖，然后再将测压接头从消火栓上取下。

（2）消火栓栓口动水压力的测量方法，操作步骤如下：

① 选择任意点处消火栓，将该接头连接到消火栓栓口处；

② 安装好压力表，并调整好压力表检测位置使之竖直向上；

③ 将该接头出口处闷盖打开，然后开启消火栓阀门，并启动消防水泵，当消防水泵达到设计流量和压力时，该接头处压力表测得的值即为消火栓栓口的动水压力。

（六）点型感烟探测器功能试验器

1. 用途。点型感烟探测器功能试验器（简称烟杆），由发烟器、发烟棒、聚烟罩、加长杆等部分组成，如图 7-6 所示。该装置能模拟点型感烟探测器动作与报警的条件，即产生烟雾，用于对点型感烟火灾探测器进行火灾响应试验。

图 7-6 点型感烟探测器功能试验器

2. 操作使用方法。操作时，按以下步骤进行：

（1）将棒线香点燃置于发烟器内（棒线香燃烧部位朝下，注意保证棒线香在烟管的中心垂直位置，并留 20mm 尾部露出，以方便取出残香），如果需要使用聚烟罩，则将聚烟罩一起安装；

（2）把拉伸杆安装到烟杆主体上，根据探测器安装高度调节拉伸长度，使其靠近探测器，然后把测试器顶端浮动开关顶在被检探测器下端，将烟嘴对准待检探测器进烟窗口位置；

（3）用发烟器向点型感烟探测器施加烟气，待探测器报警确认灯亮后（30s以内探测器确认灯亮，表示探测器工作正常，否则不合格），移开发烟器。

3. 操作使用时，应注意以下事项：

（1）当检验结束时，一定要将烟源取出熄灭；

（2）发烟棒应保管好，切勿受潮；

（3）伸缩杆由玻璃钢材料构成，按顺序，伸时从小到大方向伸长，收时从大到小方向收缩。

（七）点型感温探测器功能试验器

1. 用途。点型感温火灾探测器功能试验器，用于对点型感温火灾探测器进行火灾响应试验时，使探测器加热升温，模拟火灾条件下探测器所处环境温度变化情况。图 7-7 所示为常用的一种点型感温火灾探测器功能试验器。

2. 操作使用方法：用热风机向点型感温火灾探测器的感温元件加热，使气流温度大于 80℃，待探测器报警确认灯亮后移开热风机。操作时，如果 10s 内探测器确认灯亮，同时火灾报警控制器应有对应的报警点显示，显示的位置与点型感温火灾探测器所在的位置一致时表示探测器工作正常，否则不合格。

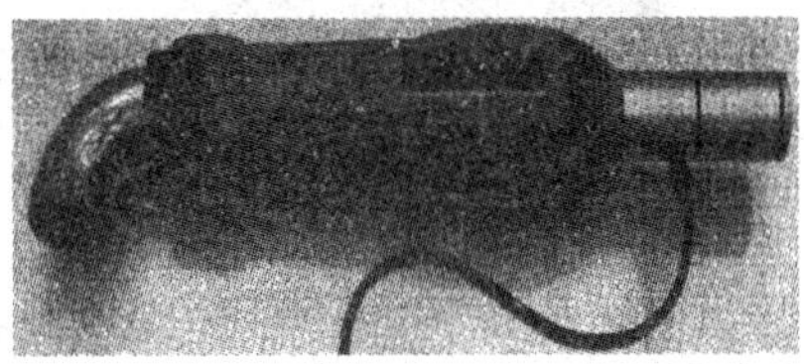

图 7-7　点型感温探测器功能试验器

3. 操作使用时，应注意以下事项：

（1）加热器不应直接对着感温探测器，以免对探测器造成损坏；

（2）热风机应能产生使点型感温火灾探测器报警的热气流，且进行试验时气流温度应大于 80℃；

（3）试验完成，待温源冷却后，再放入箱中。

（八）火焰探测器功能试验器

1. 用途。火焰探测器功能试验器（图 7-8），主要用于对红外、紫外火焰探测器进行火灾响应试验，即在模拟火灾条件下，探测器在一定时间内能否响应，并输出火灾报警信号，同时启动报警确认灯。

2. 操作使用方法：将火焰光源置于距离探测器正前方 1m 处，静止或抖动

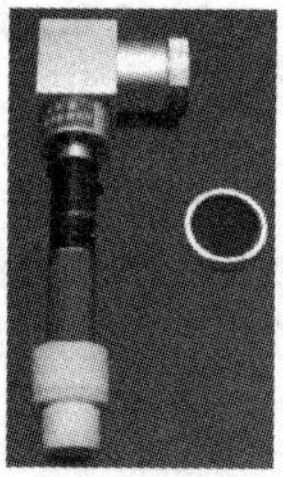

图 7-8 火焰探测器功能试验器

火焰光源，30s 内火焰火灾探测器的报警确认灯应长时间亮起，并保持至复位。同时，火灾报警控制器应有对应的报警点显示，显示的位置应与点型火焰火灾探测器所在的位置一致。

3. 操作使用时的注意事项：火焰光源（如打火机、蜡烛）的火焰高度应在 4cm 左右，且应将火焰光源置于距离探测器正前方 1m 处。

（九）线型光束感烟探测器滤光片

1. 用途。线型光束感烟探测器滤光片（图 7-9）主要用于对线型光束感烟火灾探测器的功能检测。线型光束感烟探测器配备了 2 片滤光片，一片是颜色较浅的滤光片，减光值为 0.9dB；另一片是颜色较深的滤光片，减光值为 10.0dB。由于线型光束感烟火灾探测器的响应阈值应不小于 1.0dB，且不大于 10.0dB，所以 0.9dB 和 10.0dB 的滤光片都是探测器不响应的极限值。

(a) (b)

图 7-9 线型光束感烟探测器滤光片

2. 检测方法如下：

(1) 将减光值为 0.9dB 的滤光片置于线型光束感烟探测器的光通路的中间位置上，并尽可能靠近接收器，观察火灾报警控制器的显示状态和线型光束感烟火灾探测器的报警确认灯状态。如果 30s 内发出火灾报警信号，记录其响应阈值，若数值小于 1.0dB 则不合格，应结束实验。

(2) 将减光值为 10.0dB 的滤光片置于探测器的光通路的中间位置上，并尽可能靠近接收器，观察火灾探测器的报警确认灯状态或起同等作用的其他显示器状态。如果 30s 内未输出火灾报警信号，则说明该探测器正常，否则属于不正常。

(3) 必须两次测试都合格，才能认定探测器正常。

（十）数字测距仪

1. 用途。数字测距仪，又称电子尺，是测量距离的一种仪器，根据测距基本原理的不同可分为激光测距仪、超声波测距仪和红外测距仪三类。目前，广泛使用的测距仪是激光测距仪（图 7-10）。该仪器在工作时向目标射出一束很细的激光，并由光电元件接收目标反射的激光束，用计时器测定激光束从发射到接收的时间，从而计算出从观测者到目标的距离。数字测距仪主要用于测量建筑物的面积、体积和防火距离以及消防设施的安装高度和间距等。

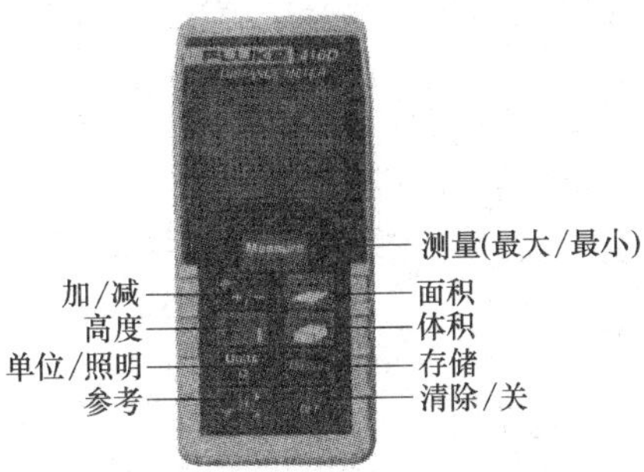

图 7-10　数字测距仪

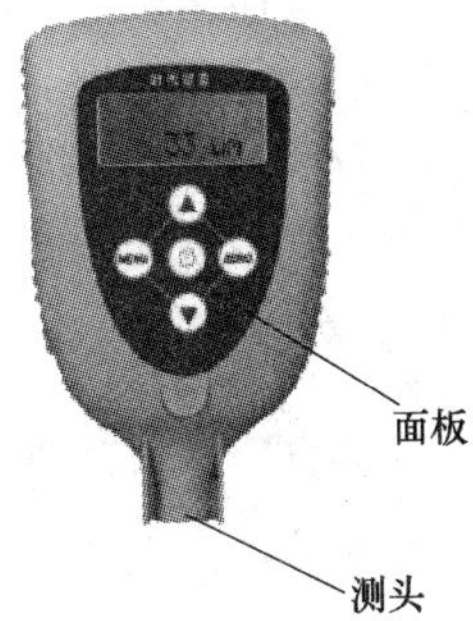

图 7-11　磁性测厚仪

2. 操作使用方法。操作时，按以下步骤进行：

（1）测量距离：将激活的激光瞄准目标区域，轻按测量键，设置测量距离，设备则会立即显示结果。

（2）测量面积：按面积键，显示面积符号；按测量键测量第一个距离，再按测量键测量第二个距离，该设备则会在总计行显示结果，并在第二行显示下一个测量值分别测量的距离。

（3）测量空间体积：按体积键，显示体积符号；按测量键测量第一个距离，按测量键测量第二个距离，第三次再按测量键测量第三个距离，该设备则会在总计行显示结果，并在第二行显示下一个测量值分别测量的距离。

3. 操作使用时应注意以下事项：

（1）要求测量精度大于 99.5％的场所不宜使用数字测距仪。

（2）数字测距仪装有电池，在使用时可能会发出微小电火花，因此不能在有易燃、易爆气体的场合使用。

（3）噪声严重干扰数字测距仪工作，用户对测量结果有疑问时，应考虑测量环境的影响。

（4）应注意防潮和防雨淋，水泡会使仪器损坏。

（十一）磁性测厚仪

1. 用途。磁性测厚仪（图 7-11）主要用于防火涂层厚度的测量。

2. 操作使用方法。操作时，按以下步骤进行：

（1）按下磁性测厚仪控制板上四个键中的任何一个，仪器将自动开机。

（2）按下“Δ”键，当显示屏上出现“零位参照，放置探头”时，将测厚仪的探头垂直压在调零板上约 2s，显示屏将会出现一组数据，此后会继续显示“零位参照，拿起探头”，拿起探头，此时调零成功。

（3）将探头垂直压在防火涂料的涂层表面，“嘀”声后即可读取测量值。

（4）若停止使用，20s 左右仪器自动关机。

3. 操作使用时应注意以下事项：

（1）使用前需要进行调零和校准，调校正确后方可进行测量。

（2）测量时必须保证探头轴线一定垂直于被测工作表面，并且接触严密。

二、消防监督技术装备的维护管理要求

消防监督技术装备的维护管理应符合以下要求：

1. 应建立消防监督技术装备使用管理制度，明确专人管理、维护和保养。

2. 装备的使用人员应熟悉装备的性能、技术指标及有关标准，并接受相应的培训，遵守操作规程。

3. 所有装备的技术资料、图纸、说明书、技术改造设计图、维修和计量检定记录应存档备查。

4. 凡依法需要计量检定的装备，应按国家现行有关规定进行定期计量检定，以保证装备的可靠性。

主要参考文献

[1] 朱立平．中国消防手册 第二卷消防管理．上海科学技术出版社，2009.

[2] 景绒．消防监督管理．中国人民公安大学出版社，2014.

[3] 郑端文．消防安全管理．化学工业出版社，2009.

[4] 尹伟巍．公安派出所消防管理工作规范化实务．中国人民公安大学出版社，2012.

[5] 佟国忠，鲍杰．公安派出所执法规范化指南．中国人民公安大学出版社，2013.

[6] 黄凤梅，孙玉泉．干粉灭火器生产使用与维修技术．山东科学技术出版社，2012.

[7] 徐晓楠．灭火剂与灭火器．化学工业出版社，2006.

[8] 中国消防协会．建（构）筑物消防员（基础知识/初级技能）．中国科学技术出版社，2010.

[9] 公安部消防局．消防安全技术综合能力．机械工业出版社，2014.

[10] 公安部消防局．公安派出所消防工作手册．群众出版社，2012.

[11] 天津市公安局．天津市公安派出所消防执法指导手册．2008.

[12] 南昌市公安局．公安派出所消防监督管理执法手册．2012.

[13] 公安部消防局．消防监督执法手册．中国科学技术出版社，2013.